smooth**food**

Praxis

W0404157

Sabrina Glasmacher
Herbert Thill

food innovations gmbh
biozoon®

Sabrina Glasmacher · Herbert Thill

smooth**food**

Praxis

biozoon
food innovations gmbh

inhalt

vorwort

Das Buch **smoothfood** Praxis soll, wie der Name bereits verrät, interessierten Köchen und Angehörigen einen einfachen Einstieg in die faszinierende Welt der neuen Kostformen für Menschen mit Einschränkungen beim Kauen und Schlucken ermöglichen. Es soll mit Grundrezepten, Dosieranleitungen sowie Tipps und Tricks vermitteln, dass mit wenig Aufwand durch die neuen Ernährungsformen eine deutlich wahrnehmbare Steigerung der Lebensqualität der betreuten Menschen verbunden sein kann. Zusätzlich soll das Buch dazu anregen, eigene Kreationen zu wagen, die das vorgestellte Spektrum der Mahlzeiten erweitern und somit für eine hochwertige, schmackhafte und ausgewogene Ernährung für verschiedene Patientengruppen sorgen.

Ein Tipp: *Sollten einmal unerklärbare Schwierigkeiten bei der Zubereitung auftauchen, nicht lange grübeln, sondern die Probleme einfach im Forum unter* ***www.smoothfood.de*** *schildern.*

Die Rezepte und Grundanleitungen sind in die **vier Hauptkostformen** eingeteilt: **stabile oder luftige Schäume, softe Gele und Andickungen**. Für die Herstellung oder den Verzehr mancher Kostformen empfiehlt sich die Verwendung von Hilfsmitteln, Geräten oder auch speziellem Geschirr, das den benötigten Zeitaufwand deutlich senken kann. Daher haben wir versucht, mit der Einbindung von überwiegend kleinen und innovativen Herstellern, die sich in dieses neue Gebiet der Ernährung gewagt haben, dem Leser die Möglichkeit des Zugangs zu allen bisher verfügbaren Erleichterungen zu ermöglichen. Nähere Informationen dazu erhalten Sie in den jeweiligen Kapiteln.

Die Reihenfolge der Rezepte der jeweiligen Kostform reicht von Vorspeisen, Hauptgerichten und Zwischenmahlzeiten bis hin zu Desserts. Dabei werden pro Rezept die benötigten Zutaten und das eingesetzte Zubehör angegeben, darüber hinaus sind auch die Nährwertangaben (pro 100 g) des jeweiligen Gerichts aufgeführt. Dadurch wird Ihnen eine dem jeweiligen Bedarf gerechte Zubereitung ermöglicht. Manche Rezepte enthalten auch interessante Tipps, wie man z. B. eine raffinierte Abwandlung des Rezeptes erstellt, oder auch weitere Techniken anwendet.

Auf den nachfolgenden Seiten erfahren Sie mehr über die Pulvermischungen der seneo-Pro-Reihe, die eine fast universelle Umsetzung jeglicher Lebensmittel in die verschiedenen Kostformen Schaum, softes, festes Gel oder der Andickung gewährleisten. Dabei werden deren Inhaltsstoffe, die Anwendungsgebiete und die Vorgehensweise bei deren Einsatz vorgestellt. Eine spezielle Anwendungstabelle ermöglicht einen schnellen Überblick, welches Produkt wann in welcher Dosierung eingesetzt werden kann. Die eröffnet auf einfache Art auch die Erstellung eigener Rezepte.

Die Autoren wünschen **viel Spaß und Erfolg bei der Zubereitung** der vorgestellten Rezepturen, der Kreation neuer Mahlzeiten und freuen sich jederzeit über Anregungen oder Wünsche für zukünftige Entwicklungen.

Edenau im August 2011
Herbert Thill

Bremerhaven im August 2011
Sabrina Glasmacher

kostformen

1. kompakte Schäume

- Diese Kostform kann u.a. gut bei Entzündungen im Mundbereich, bei Schlucklähmungen, Verengungen der Speiseröhre und als Aufbaukost angeboten werden.
- Alle Informationen und Rezepte finden Sie ab Seite 12.

2. luftige Schäume

- Diese Kostform richtet sich überwiegend an Patienten, die über eine Sonde ernährt werden müssen, und denen dadurch jeglicher geschmacklicher Reiz im Mund fehlt.
- Alle Informationen und Rezepte finden Sie ab Seite 28.

3. softe Gele

- Passierte Kost wird bei Kau- oder Schluckschwierigkeiten, Erkrankungen der Mundhöhle und der Zähne oder auch bei einer Verengung der Speiseröhre angeboten.
- Alle Informationen und Rezepte finden Sie ab Seite 38.

4. Andickungen

- Diese Kostform ist für Patienten mit Schluckbeschwerden hilfreich. Die angedickten Flüssigkeiten kann der Patient im Mundraum gut wahrnehmen und den Schluckreflex auslösen.
- Alle Informationen und Rezepte finden Sie ab Seite 62.

Die Mischungen der seneoPro®-Reihe

Viele Lebensmittel können aufgrund ihrer Struktur oder Konsistenz (z. B. feste Struktur von Fleisch oder Gemüse, flüssige Form von Fruchtsäften) von Personen mit Kau- oder Schluckstörungen nicht mehr verzehrt werden. Unter Zusatz bestimmter Lebensmittelinhaltsstoffe natürlichen Ursprungs, wie Agar Agar aus Algen, oder Xanthan aus Mikroorganismen lassen sich für diese Personen besondere Kostformen zubereiten. Mit nur vier verschiedenen leicht verarbeitbaren Pulvermischungen der seneoPro-Reihe gelingt die Zubereitung aller vier Kostformen (softe Gele, stabile oder luftige Schäume und Andickungen) für nahezu alle Lebensmittel. Trotz ihres natürlichen Ursprungs müssen die Inhaltsstoffe historisch bedingt als Zusatzstoffe genannt werden, wobei eine Deklaration auf der Speisekarte bis auf Sojalecithin nicht erfolgen muss.

Die entwickelten Produkte der seneoPro-Reihe AIR instant, GELEA instant, SPUMA instant und VISCO instant sind alle geschmacks- und geruchsneutral, sodass der natürliche Geschmack des verwendeten Lebensmittels erhalten bleibt. Außerdem sind die Mischungen sofort löslich, sodass die Zubereitungszeiten minimiert werden konnten.

Die Produktreihe entstand in Zusammenarbeit mit Herbert Thill, einem der beiden Väter des Smoothfood Konzepts, um dem Koch oder den interessierten Angehörigen einen einfachen Einstieg in dieses neue Konzept der hochwertigen Ernährung zu ermöglichen.

Dadurch kann ein Mehrwert erzeugt werden, der u. a. für Personen mit Kau- und Schluckstörungen nicht nur optisch die Mahlzeiten aufwertet, sondern auch ein Stück Lebensqualität zurückbringt. Dank der seneoPro-Reihe können fast alle gängigen Lebensmittel in die gewünschte Kostform verwandelt werden. Eine universelle Verwendung für säure-, fetthaltige oder Milchprodukte war vorher nicht immer gegeben. Auf den folgenden Seiten ist für jedes Produkt eine Dosiertabelle angegeben, für die individuelle Dosierung der verschiedenen Grundprodukte. Ein Basisrezept ermöglicht die sofortige Anwendung und dient u. a. als Ausgangspunkt für die Erstellung eigener Kreationen.

Anwendungstabelle *seneo*Pro®

	SPUMA	AIR
Bezeichnung	Schaumstabilisator zur Herstellung von stabilen Schäumen	Schaummittel zur Herstellung von luftigen Schäumen
Anwendung	geeignet zur Herstellung von Schaumkost bei Kau- und Schluckstörungen	ideal zur basalen Stimulation bei Patienten, die über eine Sonde ernährt werden
Dosierung	1,5-2 große Dosierlöffel auf 100 g Flüssigkeit (s. Dosiertabelle auf Dosenlabel)	1-2 kleine Dosierlöffel auf 100 g Flüssigkeit
Vorteile	Schaumherstellung mit bis zu 50 % Öl möglich, einfaches Aufschäumen unter 2 Min., Schäume sind bis zu 24 h stabil, durch Erwärmen in der Mikrowelle entsteht ein Schaumgel	voller Geschmack im Mund, keine Rückstände; Schaum bleibt lange stabil; direkt am Patientenbett anwendbar
Säurestabilität	++	+
Hitzestabilität	+	-
nützliche Hilfsmittel	iSi Gourmet WhipPLUS, iSi Sahnekapseln, Milchaufschäumer, Handmixer, Stabmixer	biozoon AIR-Set (batteriebetriebene Pumpe mit Lochpipette), hohes Glas, flacher Löffel

GELEA	VISCO	
Geliermittel zur Herstellung von soften Gelen	Verdickungsmittel zum Andicken von heißen und kalten Flüssigkeiten	**Bezeichnung**
passierte Nahrungsmittel können wieder in ihre Ursprungsform gebracht werden	Ernährung bei Kau- und Schluckstörungen	**Anwendung**
3-10 kleine Dosierlöffel mit 100 g Lebensmittel (s. Dosiertabelle auf Dosenlabel)	1-2 kleine Dosierlöffel mit 100 g Flüssigkeit (s. Dosiertabelle auf Dosenlabel)	**Dosierung**
Cook & Chill-geeignet, direkte Verarbeitung von frischen Lebensmitteln, zur Vorproduktion geeignet	Stärke der Andickung kann nach Bedarf eingestellt werden, einfaches Einrühren mittels Löffel/Gabel	**Vorteile**
+	++	**Säurestabilität**
++	+	**Hitzestabilität**
Pacojet, Silikonformen, Standmixer	WGP Nasenausschnittbecher + tiefe Teller	**nützliche Hilfsmittel**

kompakte**schäume**

Sie benötigen für diese Kategorie
u. a. folgende Hilfsmittel:

kompakte**schäume**

Kompakte Schäume eröffnen insbesondere Personen mit Schluckstörungen (z. B. bei Entzündungen im Mundbereich, bei Schlucklähmungen, Verengungen der Speiseröhre und als Aufbaukost, bei Schlaganfall, Parkinson, Alzheimer oder Tumoren im Mund- oder Rachenraum) eine neue Lebensqualität. Oft kann diese Kostform nach dem Einstieg mit luftigen Schäumen (siehe ab Seite 28) auch der zweite Schritt auf dem Weg zu einer wieder normalen Ernährung sein.
In enger Abstimmung mit dem betreuenden Arzt sollte im Vorfeld unbedingt geprüft werden, ob der Schluckreflex des Patienten für diese Kostform bereits ausgeprägt genug ist.

Die kompakten Schäume ermöglichen durch ihr langsames Fließverhalten oft auch Menschen mit eingeschränktem Schluckreflex die Ernährung ohne Magensonde. Die natürlichen Aromen der verwendeten Rohstoffe konzentrieren sich in den Luftblasen des Schaums und eröffnen gerade älteren Personen mit verminderter Geruchsempfindung wieder ein neues Geschmackserlebnis. Eine Anreicherung mit Kalorien und Eiweiß ist möglich, sodass die Schaumkost, je nach Rezept, als Hauptgericht, überwiegend aber als angepasste Zwischenmahlzeit angeboten werden kann. Durch die cremige Konsistenz ist eine Einnahme ohne große Kaubewegungen möglich, sodass die Patienten mit o. a. Beschwerden wieder Mahlzeiten ohne Angst vor Schmerzen, dafür aber mit vollem Geschmack und wichtigen Nährstoffen zu sich nehmen können.

Kompakte Schäume können einfach hergestellt werden mit SPUMA instant, einer neu entwickelten Pulvermischung auf Cellulosebasis und dem natürlichen Verdickungsmittel Xanthan. Flüssige oder viskose Lebensmittel können mit SPUMA instant in einem Whipper (das ist ein Sahnesiphon, z. B. von iSi) innerhalb weniger Minuten in einen stabilen Schaum verwandelt werden. Flüssigkeiten, die noch einzelne ungelöste Partikel enthalten, sollten vorab durch ein feines Sieb gegeben werden, damit die Düse des Whipper-Sprühkopfes nicht verstopft wird.
Ein wesentlicher Vorteil von SPUMA instant ist nicht nur die breite Einsetzbarkeit in Kom-

1.

2.

3.

4.

bination mit fast allen flüssigen Lebensmitteln, sondern vor allem, dass Schäume mit einem Anteil von bis zu 50 % Öl hergestellt werden können. Zusätzlich kann durch Erhitzen des fertigen Schaums in der Mikrowelle auch ein Schaum-Gel hergestellt werden, welches eine interessante Konsistenz aufweist und eine Abwechslung der Struktur des jeweiligen Rezeptes darstellt.

Die Flüssigkeit kann auch in einem schmalen, hohen Gefäß mithilfe eines herkömmlichen Handrührgerätes oder elektrischen Milchaufschäumers aufgeschlagen werden. Die Zubereitung im Whipper gelingt schnell und einfach: SPUMA instant in den Whipper geben (Abb. 1), die Flüssigkeit zudosieren (Abb. 2 und 3), den Whipper verschließen, eine Sahnekapsel eindrehen und gut schütteln. Je nach Rezept können Sie den Schaum sofort servieren, im Kühlschrank kalt stellen oder im Wasserbad warm halten (Abb. 4). Meist empfiehlt es sich, die Mischung aus SPUMA instant und der Flüssigkeit mindestens 15 Min. vor dem Aussprühen stehen zu lassen.

Produkte mit zu geringem Wassergehalt oder zu großer Viskosität (z. B. Gemüse, Fleisch oder Früchte) können meist durch Zugabe von Fonds, Zuckerwasser oder stark verdünntem Zitronensaft in einen Schaum verwandelt werden.

Dosieranleitung

1,5-2 große Dosierlöffel SPUMA instant entsprechend der Dosiertabelle in einen Sahnesiphon oder eine Schüssel geben, dann 100 g Flüssigkeit zugeben. Die Mischung entweder im iSi Gourmet WhipPLUS nach kurzem Schütteln mit einer iSi Sahnekapsel aufschäumen oder 5-10 Min. mit einem elektrischen Handrührgerät aufschlagen.

Lebensmittel	**große Dosierlöffel per 100 g**
Obstsäfte (säurehaltige Fonds)	1,5
Gemüse, Fleisch, wasserhaltige Fonds (weniger sauer und fettarm)	1,5
Milchmischgetränke oder Milch bis 3,5 % Fettgehalt	2
Fetthaltige Fonds bis 50 % Fett	2

Geflügelschaum

- 350 g Geflügelfond extra kräftig (Grundrezept Seite 72)
- 150 g Kochcreme 15 %
  Salz, weißer Pfeffer, gemahlen
- 1 großer Dosierlöffel SPUMA instant

Geflügelschaum

Geflügelfond mit der Sahne verrühren, mit Salz und Pfeffer abschmecken, einmal aufkochen, anschließend mit SPUMA instant vermischen. Die Masse in den iSi Gourmet WhipPLUS füllen, verschließen, eine iSi Sahnekapsel eindrehen und kräftig schütteln. Den iSi Gourmet WhipPLUS zum Warmhalten in ein Wasserbad stellen und bei Bedarf servieren.

Geflügelschaum

· Energie	105 kcal
· Fett	8,52 g
· Kohlenhydrate	2,35 g
· Eiweiß	4,9 g

Nährwerte je 100g

Reisschaum

Hühnerbrühe mit dem Reismehl, Safran und einem Schuss Weißwein ca. 1 Min. köcheln lassen, für ca. 10 Min. im Wasserbad bei 80 °C ziehen lassen. Alles sehr fein pürieren, durch ein feines Sieb streichen und mit SPUMA instant verrühren. Die Masse in den 0,5 l iSi Gourmet WhipPLUS füllen, verschließen, eine Sahnekapsel eindrehen und kräftig schütteln. Den iSi Gourmet WhipPLUS zum Warmhalten in ein Wasserbad stellen und bei Bedarf servieren.

Equipment/Geräte:

— Topf
— Passiertuch/Sieb
— 0,5 l iSi Gourmet WhipPLUS mit 1 iSi Sahnekapsel

Reisschaum

— 350 g Geflügelfond verzehrfertig (Grundrezept Seite 72)
— 20 g Reismehl
— etwas Safran
— Schuss Weißwein
— 2,5 kleine Dosierlöffel SPUMA instant

Reisschaum	
• Energie	126 kcal
• Fett	9,47 g
• Kohlenhydrate	9,47 g
• Eiweiß	5,29 g
	Nährwerte je 100g

speck**fond** für 0,5 l iSi Gourmet WhipPLUS

Speckschaum

- 200 g Räucherspeck
- 500 g Wasser
- 1 großer Dosierlöffel SPUMA instant

Speckschaum	
· Energie	91,4 kcal
· Fett	8,25 g
· Kohlenhydrate	— g
· Eiweiß	4,56 g
	Nährwerte je 100g

Equipment/Geräte:

- Topf
- Feines Sieb
- 0,5 l iSi Gourmet WhipPLUS mit 1 iSi Sahnekapsel
- alternativ: AIR-Set mit Pumpe

Speckfond

Speck im Wasser ½ Stunde köcheln, herausnehmen, den Fond abkühlen lassen und durch ein feines Sieb streichen. SPUMA instant hinzufügen, gut verrühren, in den 0,5 l iSi Gourmet WhipPLUS füllen, verschließen und eine iSi Sahnekapsel eindrehen und kräftig schütteln. Bis zum Portionieren kalt stellen.

Alternativ kann der Fond auch mit dem AIR-Set und der Pumpe zu einem luftigen Schaum aufgeschäumt werden. S. Rezept Seite 35. Dieser Schaum kann auch sehr gut als Garnitur verwendet werden.

karotten**espuma** für 0,5 l iSi Gourmet WhipPLUS

Karottenespuma

- 250 g Karotten, geschält
- 20 g Zucker
- 10 g Schalotten
- 5 g Butter
- 100 g Karottensaft oder Gemüsebrühe
- 100 g Sahne 30 %
- Salz, weißer Pfeffer, gemahlen, evtl. noch etwas Zucker
- 1 großer Dosierlöffel SPUMA instant

Karottenespuma

Fein gewürfelte Schalotten in der Butter glasig dünsten, anschließend die Karotten glacieren, Zucker hinzufügen und karamellisieren lassen. Den Karottensaft und die Sahne hinzufügen, alles leicht köcheln lassen und anschließend sehr fein mixen. Bei Bedarf nochmal durch ein feines Sieb streichen. SPUMA instant hinzufügen, gut verrühren und in den 0,5 l iSi Gourmet WhipPLUS füllen. Gerät verschließen und eine iSi Sahnekapsel eindrehen. Gut schütteln. Noch warm servieren.

Karottenespuma	
Energie	96,2 kcal
Fett	6,99 g
Kohlenhydrate	7,2 g
Eiweiß	1,17 g

Nährwerte je 100g

Equipment/Geräte:

- Topf & Kochlöffel
- Mixstab
- Feines Sieb
- 0,5 l iSi Gourmet WhipPLUS mit 1 iSi Sahnekapsel

müsli aus dem mixer – **auch als schaum**

für 0,5 l iSi Gourmet WhipPLUS

Müsli aus dem Mixer	
• Energie	158 kcal
• Fett	8,5 g
• Kohlenhydrate	16,8 g
• Eiweiß	3,24 g
	Nährwerte je 100g

Müsli aus dem Mixer – auch als Schaum

— Je ½ Banane, Apfel, Orange
— 125 g Naturjoghurt
— 50 g Honig
— 25 g Schmelzflocken
— 25 g Haferkleie
— 125 g Milch
— 100 g Sahne
— 3,5 kleine Dosierlöffel SPUMA instant

Müsli aus dem Mixer - auch als Schaum

Alle Zutaten im Mixer sehr fein pürieren, anschließend durch ein feines Sieb streichen und mit SPUMA instant vermischen. Die Masse in den 0,5 l iSi Gourmet Whip PLUS füllen, Gerät verschließen, eine Sahnekapsel eindrehen und kräftig schütteln. Bei Bedarf servieren.

Equipment/Geräte:

— Mixer
— Schüssel & Schneebesen
— Feines Sieb
— 0,5 l iSi Gourmet WhipPLUS mit 1 iSi Sahnekapsel

petersilien**butter**

für 0,5 l iSi Gourmet WhipPLUS

Petersilienbutter

- 125 g Butter
- 75 g Geflügelfond ohne Glutamat (Grundrezept Seite 72)
- 50 g Petersilienfond
- 10 g Reduktion
- 4 kleine Dosierlöffel SPUMA instant

Petersilienbutter

Butter klären, anschließend passieren und mit den anderen Zutaten vermischen. Alles gut verrühren und durch ein feines Sieb streichen, Masse in den 0,5 l iSi Gourmet WhipPLUS füllen, Gerät verschließen, eine iSi Sahnekapsel eindrehen und gut schütteln. Bei Bedarf noch warm servieren.

Petersilienbutter

Energie	388 kcal
Fett	41,9 mg
Kohlenhydrate	1,9 g
Eiweiß	2,37 g

Nährwerte je 100g

Equipment/Geräte:

- Topf & Schneebesen
- Feines Sieb
- 0,5 l iSi Gourmet WhipPLUS mit 1 iSi Sahnekapsel

spargel **hollandaise** für 0,5 l iSi Gourmet WhipPLUS

Spargel Hollandaise

- 200 g zerlassene Butter
- 200 g kräftiger Spargel-fond
- 2 EL Reduktion
- Prise weißer Pfeffer, Salz und Zucker
- Spritzer Zitronensaft
- 1 großer Dosierlöffel SPUMA instant

Reduktion

- 2 Schalotten
- 1 Knoblauchzehe, ungeschält
- 1 Lorbeerblatt
- 10 Pfefferkörner, schwarz
- 3 Petersilienzweige
- 0,5TL Estragon, getrocknet
- 80 g Wasser
- 30 g Weißwein, trocken
- 30 g weißer Kräuteressig

Spargel Hollandaise

Zerlassene Butter mit dem Spargelfond und der Reduktion vermischen, anschließend mit einem Spritzer Zitronensaft, Pfeffer, Salz und Zucker abschmecken, sodass die Flüssigkeit kräftig schmeckt. SPUMA instant hinzufügen, gut verrühren, in den 0,5 l iSi Gourmet WhipPLUS füllen, Gerät verschließen, eine iSi Sahnekapsel eindrehen und kräftig schütteln. Warm stellen und bei Bedarf portionieren.

Reduktion

Alle Zutaten in einen Topf geben und auf 3 EL Flüssigkeit einkochen lassen. Dann etwas erkalten lassen.

Equipment/Geräte:

- Topf, Schüssel & Schneebesen
- 0,5 l iSi Gourmet WhipPLUS mit 1 iSi Sahnekapsel

Spargel Hollandaise

· Energie	369 kcal
· Fett	40,7 g
· Kohlenhydrate	1,77 g
· Eiweiß	457 g

Nährwerte je 100g

Reduktion

· Energie	31 kcal
· Fett	168 g
· Kohlenhydrate	3,02 g
· Eiweiß	1,12 g

Nährwerte je 100g

ei-gurkenschaum **mit dill**

für 0,5 l iSi Gourmet WhipPLUS

Ei-Gurkenschaum mit Dill

— 2 hartgekochte Eier
— 1/2 Salatgurke geschält, entkernt
— 125 g Naturjoghurt
— 125 g saure Sahne
— 30 g Sahne 30 %
— 1 EL Dillspitzen fein gehackt
— Spritzer Zitronensaft
— Prise Salz, Pfeffer
— 1 großer Dosierlöffel SPUMA instant

Ei-Gurkenschaum mit Dill	
· Energie	82,7 kcal
· Fett	5,65 g
· Kohlenhydrate	3,45 g
· Eiweiß	4,28 g
	Nährwerte je 100g

Equipment/Geräte:

— Mixer
— Schüssel, Schneebesen
— Feines Sieb
— 0,5 l iSi Gourmet WhipPLUS mit 1 iSi Sahnekapsel

Ei-Gurkenschaum mit Dill

Eier, Joghurt, saure Sahne und Dillspitzen im Mixer sehr fein pürieren, anschließend durch ein feines Sieb streichen und mit den restlichen Zutaten und SPUMA instant vermischen. Alles in den 0,5 l iSI Gourmet WhipPLUS füllen. Gerät verschließen, eine iSi Sahnekapsel eindrehen und kräftig schütteln. Bei Bedarf servieren.

erdbeer**schaumeis**

für 0,5 l iSi Gourmet WhipPLUS

Erdbeerschaumeis

Erdbeeren mit Wasser, Zucker und Glukosesirup kurz aufkochen. Zitronensaft hinzufügen, durch ein feines Sieb passieren und abkühlen lassen, anschließend mit Sahne und SPUMA instant vermischen. Die Masse in den 0,5 l iSI Gourmet WhipPLUS füllen, eine iSi Sahnekapsel eindrehen, kräftig schütteln und kalt stellen.

Tipp: *Eine leckere Alternative gelingt auch mit Beerenfrüchten wie Blaubeeren, Johannisbeeren, Himbeeren oder Brombeeren. Einfach die angegebene Menge an Erdbeeren gegen die neuen Früchte austauschen.*

Erdbeerschaumeis

— 80 g Wasser
— 90 g Zucker
— 18 g Glukosesirup oder Glycerin für Pralinenherstellung von Sosa
— 250 g Erdbeeren geputzt, tiefkühl oder frisch
— 70 g Sahne, 30 %
— 15 g Zitronensaft, frisch
— 1 großer Dosierlöffel SPUMA instant

Erdbeerschaumeis	
· Energie	137 kcal
· Fett	4,15 g
· Kohlenhydrate	23,6 g
· Eiweiß	735 mg

Nährwerte je 100 g

Equipment/Geräte:

— Topf & Schneebesen
— Terrinenform
— Feines Sieb
— 0,5 l iSi Gourmet WhipPLUS mit 1 iSi Sahnekapsel

schweizer**götterspeise** für 0,5 l iSi Gourmet WhipPLUS

Schweizer Götterspeise

— 0,5 l Vanillecreme
— 200 g Apfelmus
— 8 Löffelbiskuits
— 8 EL Apfelsaft

Schweizer Götterspeise	
· Energie	160 kcal
· Fett	7,72 g
· Kohlenhydrate	19,2 g
· Eiweiß	3,11 g
	Nährwerte je 100 g

Schweizer Götterspeise

Die Löffelbiskuits mit dem Apfelsaft mixen. Schichtweise gemixte Löffelbiskuits, Apfelmus und Vanillecreme in kleine Gläser füllen, diese Reihenfolge einmal wiederholen und als oberste Schicht dann mit Vanillecreme abschließen.

Vanillecreme

Vanilleschote längs halbieren und das Mark auskratzen. Dieses mit der Vollmilch, Vanilleschote und dem Salz aufkochen. Die Creme vom Herd ziehen, die Vanilleschote daraus entnehmen und die Creme abkühlen lassen. Sahne und SPUMA instant hinzufügen.
Gut umrühren und in den 0,5 l iSi Gourmet WhipPLUS füllen. Gerät verschließen, eine iSi Sahnekapsel eindrehen und gut schütteln. Bei Bedarf servieren.

Equipment/Geräte:

— Mixer
— Schüssel & Schneebesen
— Topf
— Feines Sieb
— 0,5 l iSi Gourmet WhipPLUS mit 1 iSi Sahnekapsel

Vanillecreme

— 200 g Vollmilch
— ½ Vanilleschote
— Prise Salz
— 70 g Zucker
— 200 g Sahne 30 %
— 5 kleine Dosierlöffel SPUMA instant

Vanillecreme	
Energie	185 kcal
Fett	11,2 g
Kohlenhydrate	17,2 g
Eiweiß	3,76 g

Nährwerte je 100g

luftige**schäume**

Sie benötigen für diese Kategorie u. a. folgende Hilfsmittel:

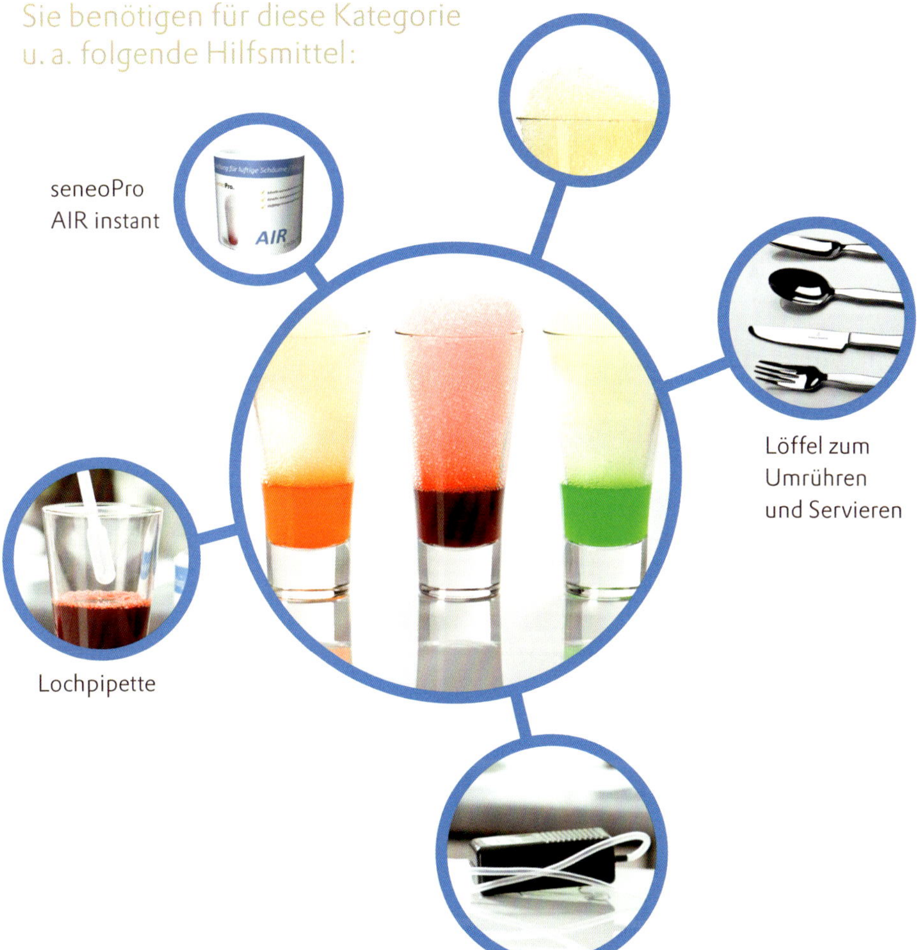

seneoPro AIR instant

Löffel zum Umrühren und Servieren

Lochpipette

Luftpumpe

luftige**schäume**

Luftige Schäume sind vor allem geeignet für Personen, die aufgrund von Schluckstörungen z. B. in Folge von Schlaganfall, Parkinson, Alzheimer oder Tumoren im Mund- oder Rachenraum keinerlei Nahrung mehr aufnehmen können und daher meist über eine Magensonde ernährt werden müssen. Durch Zuführung eines geschmacksintensiven leichten Schaums, der nicht geschluckt werden muss, eröffnet sich diesen Menschen durch die mit den leichten Schäumen verbundenen Geschmackserlebnisse plötzlich eine völlig neue Lebensqualität. Man bezeichnet diese Technik auch als basale Stimulation. Der Begriff der basalen Stimulation leitet sich aus dem Lateinischen ab und bedeutet frei übersetzt: grundlegende und voraussetzungslose Anregung. Die luftigen Schäume jeglicher Geschmacksrichtung, welche mithilfe von AIR instant erzeugt werden können, hinterlassen im Mund keine festen Nahrungsmittel, sondern nur einen intensiven Geschmack.

Für den Patienten bedeutet dies, dass der geschmackliche Reiz gegeben ist, obwohl keine selbständige Nahrungsaufnahme durchgeführt werden kann. Oft kann gerade bei Schlaganfall oder Parkinson die basale Stimulation den ersten Schritt auf dem Weg zu einer Wiedererlangung des Schluckreflexes bedeuten.

Die Herstellung der luftigen Schäume aus Flüssigkeiten oder Extrakten ermöglicht der Zusatz von AIR instant, einer leicht einrührbaren Pulvermischung die u. a. den natürlichen Emulgator Sojalecithin enthält. In den Blasen des Schaums konzentrieren sich die natürlichen Aromen der eingesetzten Lebensmittel. So entstehen z. B. Schäume mit intensivem Frucht-, Speck-, Kräuter- oder Kaffeegeschmack. Im Gegensatz zu anderen luftigen Schäumen bleiben die mit AIR instant hergestellten Schäume länger stabil. Die innovative Pulvermischung ist einfach verarbeitbar und kann universell verwendet werden. Lediglich im seltenen Fall einer Sojaallergie darf das Produkt einem Patienten nicht gegeben werden.

Hergestellt werden kann der luftige Schaum mit Hilfe einer elektrischen Luftpumpe und einem feinem Diffusor, durch Benutzung eines herkömmlichen Milchaufschäumers oder

1.

2.

3.

4.

mit etwas Übung auch mit einem Stabmixer. Bei allen Herstellungsmethoden muss man nur darauf achten, dass der entstandene Schaum nicht sofort wieder untergehoben und zerstört wird. Bei Verwendung eines Milchaufschäumers oder Stabmixers gelingt die Schaumherstellung am besten, wenn man das Gerät leicht schräg auf die Oberfläche der Flüssigkeit ansetzt. Der hergestellte Schaum kann einfach mit einem Löffel oben abgenommen und sofort serviert werden. Neben der direkten Verkostung können die luftigen Schäume aber auch als interessantes Topping für andere Gerichte Verwendung finden, da sie keine festen Bestandteile enthalten.

Zur Vereinfachung und Beschleunigung der Zubereitung bietet sich die Verwendung des Batterie betriebenen AIR-Set der seneoPro-Reihe an, welches aus einer Membranpumpe, Lochpipetten zur hygienischen Anwendung als Diffusor, einem für Lebensmittel zugelassenen Silikonschlauch als Verbindungsstück und einer Probe AIR instant besteht. Die Pumpe ermöglicht durch die integrierte Stromversorgung eine direkte Zubereitung der Schäume durch das Pflegepersonal auf Station oder durch pflegende Angehörige zu Hause direkt beim Patienten.

Dosieranleitung

Geben Sie 1-2 kleine Dosierlöffel AIR instant auf 100 ml/g Flüssigkeit (z.B. Fruchtsaft, Bouillon, etc.) (Abb. 1 und 2). In einem hohen Glas alles mit einem Löffel kurz mischen und mit einer Aquarienpumpe (z. B. biozoon Air Set) aufschäumen (Abb. 3 und 4). Den Schaum mit dem Löffel abnehmen, direkt verkosten oder z. B. als Topping auf Fingerfood drapieren.

Espresso **on air**

Espresso on Air
— 100 g frisch gekochter Espresso
— 2 kleine Dosierlöffel AIR instant

Espresso on Air

Warmen Espresso mit Air instant in einem hohen Gefäß direkt mischen, alles kurz verrühren und mittels einer kleinen Pumpe mit gelochter Plastikpipette aufschäumen. Jetzt kann die gewünschte Menge entnommen werden, z. B. als Garnitur für besondere Menüs oder aber als basale Stimulation für Personen, die über eine Sonde ernährt werden müssen.

Equipment/Geräte:
— Topf
— Hohes Gefäß
— Großer Löffel/Schneebesen
— Kleine Pumpe mit Lochpipette (z. B. biozoon AIR-Set)

Espresso on Air

• Energie	2 kcal
• Fett	0,2 g
• Kohlenhydrate	0,0 g
• Eiweiß	0,1 g

Nährwerte je 100g

mango-**air**

Mango-Air	
· Energie	59 kcal
· Fett	0,4 g
· Kohlenhydrate	12,8 g
· Eiweiß	0,6 g
	Nährwerte je 100g

Mango-Air

— 100 g Mangosaft
— 1 kleiner Dosierlöffel AIR instant

Mango-Air

Mangosaft mit AIR instant in einem hohen Gefäß direkt mischen, alles kurz verrühren und mittels einer kleinen Pumpe mit gelochter Plastikpipette aufschäumen. Die gewünschte Menge kann abgenommen werden als Garnitur für ausgefeilte Menüs oder aber auch als basale Stimulation für Patienten, die über eine Sonde ernährt werden müssen.

Tipp: *Sollte die Konsistenz des Mangosafts zu dickflüssig sein, können Sie diesen noch mit etwas Wasser verdünnen.*

speckluft

Speckluft	
· Energie	56,2 kcal
· Fett	3,17 g
· Kohlenhydrate	466 mg
· Eiweiß	6,46 g

Nährwerte je 100g

Speckluft

— 100 g Speckwürfel
— 200 g Wasser
— 1 kleiner Dosierlöffel AIR instant

Speckluft

Speckwürfel mit dem Wasser für ca. 20 Minuten köcheln lassen, sodass ein Speckfond entsteht. Diesen durch ein feines Sieb in ein hohes Gefäß gießen, AIR instant hinzufügen, alles kurz verrühren und mittels einer kleinen Pumpe mit gelochter Plastikpipette aufschäumen. Die gewünschte Menge kann abgenommen werden als Garnitur für ausgefeilte Menüs oder aber auch als basale Stimulation für Patienten, die über eine Sonde ernährt werden müssen.

Equipment/Geräte:

— Topf
— Feines Sieb
— Hohes Gefäß
— Großer Löffel/ Schneebesen
— Kleine Pumpe mit Lochpipette (z. B. biozoon AIR-Set)

Tipp: *Die schnelle Variante des Rezepts können Sie mithilfe von Speckpulver herstellen. Dieses geben Sie nach Belieben direkt in 100 ml Wasser, kurz umrühren, mit 2 kleinen Dosierlöffeln AIR instant mischen und aufschäumen.*

rote bete-**air**

Rote Bete-Air	
· Energie	40 kcal
· Fett	0,1 g
· Kohlenhydrate	8,1 g
· Eiweiß	1,5 g
	Nährwerte je 100g

Rote Bete-Air

Rote Bete waschen, schälen und im Power Juicer entsaften. (Der Trester – Feststoffe im Auffangbehälter – eignet sich hervorragend für eine gute Cremesuppe). Mit Balsamico, Salz und Zucker abschmecken und in einem hohen Gefäß mit AIR instant verrühren. Mittels einer kleinen Pumpe mit gelochter Plastikpipette aufschäumen. Die gewünschte Menge kann abgenommen werden als Garnitur für ausgefeilte Menüs oder aber auch als basale Stimulation für Patienten, die über eine Sonde ernährt werden müssen.

Tipp: *Als Alternative zur frischen Variante können Sie natürlich auch fertigen Rote-Bete-Saft, z. B. aus dem Reformhaus, verwenden.*

Equipment / Geräte:

— Sparschäler / Messer
— Power Juicer / Entsafter
— Hohes Glas
— Großer Löffel / Schneebesen
— Kleine Pumpe mit Lochpipette (z. B. biozoon AIR-Set)

Rote Bete-Air

— 200 g Rote Bete, frisch
— 3 g Balsamicoessig
— 10 g Zucker
— 1 Prise Salz
— 1 kleiner Dosierlöffel AIR instant

petersilien-**air**

Petersilien-Air

Blattpetersilie zupfen und die Blätter in kochendem Salzwasser kurz blanchieren, anschließend sehr fein mixen. Durch ein feines Sieb streichen. Die Lösung in einem hohen Gefäß mit AIR instant kurz verrühren und mittels einer kleinen Pumpe mit gelochter Plastikpipette aufschäumen. Die gewünschte Menge kann abgenommen werden als Garnitur für ausgefeilte Menüs oder aber auch als basale Stimulation für Patienten, die über eine Sonde ernährt werden müssen.

Petersilien-Air

Petersilien-Air	
Energie	52 kcal
Fett	0,4 g
Kohlenhydrate	7,4 g
Eiweiß	4,4 g

Nährwerte je 100g

Petersilien-Air
- ¼ Bund Blattpetersilie
- 1/8 l leicht gesalzenes Mineralwasser
- 1 kleiner Dosierlöffel AIR instant

Equipment/Geräte:
- Topf
- Mixer/Mixstab
- Feines Sieb
- Hohes Gefäß
- Großer Löffel/Schneebesen
- Kleine Pumpe mit Lochpipette (z. B. biozoon AIR-Set)

softegele

Sie benötigen für diese Kategorie u. a. folgende Hilfsmittel:

seneoPro GELEA instant

Tiefe Teller

Pacojet

Silikonformen

Besteck

softe**gele**

Softe Gele auf der Basis von passierter Kost sind eine zu empfehlende Nahrungsform, wenn Kau- oder Schluckschwierigkeiten durch Demenz, Parkinson, Erkrankungen der Mundhöhle oder der Zähne oder auch durch eine Verengung der Speiseröhre den Verzehr fester Nahrung unmöglich machen. Die geeignete Kostform sollte immer mit dem behandelnden Arzt abgestimmt werden. Oft kann der Patient über die Zwischenstufen Passieren und Pürieren wieder an die normale Kost herangeführt werden.

Softe Gele können aus passierten Lebensmitteln durch Zusatz der Pulvermischung GELEA instant einfach hergestellt werden. GELEA instant besteht aus dem natürlichen Geliermittel Agar Agar (wird aus verschiedenen Algen gewonnen) und dem natürlichen Verdickungsmittel Xanthan (von Mikroorganismen gebildet).

Die Zubereitung erfolgt durch Zugabe von GELEA instant zum jeweiligen Lebensmittel (Abb. 1 und 2). Diese Mischung wird unter Rühren kurz aufgekocht (Abb. 3). Nach Abkühlung in einer beliebigen Form auf unter 30 °C bildet sich ein softes Gel aus, das seine Stabilität bis auf Temperaturen von über 70 °C beibehält. Das ausgebildete Gel kann auch eingefroren und nach dem Auftauen kalt oder erwärmt serviert werden (Abb. 4). Durch diese Möglichkeit zum Cook & Chill können Portionen nach Bedarf zubereitet werden.

Tipp: *Bei zu geringem Wassergehalt des Lebensmittels (oft bei Gemüse, Fleisch oder Obstpürees) können softe Gele erst nach Wasserzusatz (ja nach Geschmack in Form von Fond, Brühe, Fruchtsaft oder Zuckerwasser) zuverlässig hergestellt werden. Genaue Hinweise zur Menge des Zusatzes können der Dosiertabelle entnommen werden.*

Die Konsistenz des soften Gels kann über die Dosierung von GELEA instant eingestellt und somit individuell der Kaubeeinträchtigung eines jeden Patienten angepasst werden. Die passende Optik des soften Gels können Sie ganz einfach durch die richtige Form erreichen. Mittlerweile gibt es diverse Anbieter von Silikonformen, die sowohl verschiedene

1.

2.

3.

4.

Gemüse-, aber auch Fleisch- und Fischformen anbieten. Dadurch können die verschiedenen Mahlzeiten auch optisch authentisch angeboten werden.

Die für die Herstellung der soften Gele meist eingesetzte passierte Grundkost ist eine Ableitung der gesunden, normalen Kost, welche in fein gehackter oder pürierter Form gereicht wird. Damit keine festen Bestandteile erhalten bleiben, müssen sie normalerweise zeitaufwendig durch ein feines Sieb gestrichen werden. Einfacher ist der Einsatz eines Pacojet zum Pacossieren. Damit können zuvor gefrorene Lebensmittel millimetergenau abschabt werden, was die einfache Herstellung von Farce oder Mousse ermöglicht. So können frische Nahrungsmittel wie Gemüse oder Kräuter eingefroren verarbeitet werden, wodurch natürliche Nährstoffe in großer Menge erhalten bleiben.

Dosieranleitung

Feste Produkte wie Obst, Gemüse oder Fleisch entsprechend der Dosiertabelle mit Wasser, Saft oder Brühe mischen und pürieren. In 100 g des Lebensmittels 3-10 kleine Dosierlöffel GELEA instant entsprechend der Dosiertabelle einrühren. Die Flüssigkeit aufkochen und in Formen oder Schüsseln zur Verfestigung auf Raumtemperatur abkühlen lassen.

Lebensmittel	Produkt	Wasser	kleine Dosierlöffel per 100 g
Obst	60 g	40 g	5
Fruchtsaft	100 g	0	4
Gemüse	40 g	60 g	4
Fleisch	40 g	60g	6
Wasser, Brühe Soßen oder Suppen	100 g	0	3
Milch	100 g	0	10

pfirsich**häppchen** für 4 Portionen

Pfirsichhäppchen

— 120 g Dosenpfirsiche
— 80 g Wasser oder Pfirsichlake
— etwas Zitronensaft und Zucker zum Abschmecken
— 1 großer Dosierlöffel Gelea instant

Pfirsichhäppchen

Dosenpfirsiche mit Wasser oder Pfirsichlake mit der Moulinette oder im Pacojet pürieren. Mit Zitronensaft und Zucker abschmecken. 1 großer Dosierlöffel GELEA instant mit Moulinette oder Pacojet untermischen. In einen Topf geben und aufkochen. 3 Min. kochen. In Silikonformen oder in eine flache Schüssel (ca. 2-3 cm Höhe) ausgießen. Erkalten lassen und evtl. in gut greifbare Stücke klein schneiden.

Equipment/Geräte:

— Topf & Schneebesen
— Pacojet (alternativ Moulinette)
— Silikonform, flache Schüssel

Pfirsichhäppchen

• Energie	45 kcal
• Fett	0,09 g
• Kohlenhydrate	11 g
• Eiweiß	0,8 g

Nährwerte je 100g

tomatensalat **in gelform** für 4 Personen

Tomatensalat in Gelform – einfache Variante

Tomatensaft mit GELEA instant aufkochen, mit den anderen Zutaten vermischen und in einem Pacossierbecher für 24 Stunden bei -22 °C einfrieren. Die Masse pacossieren, auf 100 °C erhitzen und in einer Form (bzw. ein mit Folie ausgelegtes flaches Gefäß) erkalten lassen. Mit einem Ausstecher Scheiben ausstechen. Gelatine etwa 5 Min. in kaltem Wasser einweichen und mit dem Frischkäse, Zitronensalz und dem weißen Pfeffer vermischen. Nun werden die zuvor ausgestochenen Scheiben mit dem aufgespritzten Frischkäse garniert.

Als Alternative für den Haushalt: Tomatensaft mit GELEA instant aufkochen, mit den anderen Zutaten vermischen und alles in der Moulinette pürieren. Nun verfahren Sie, wie oben im Rezept beschrieben.

Tomatensalat
- 180 g Tomatensaft
- 120 g Tomatenwürfel ohne Kerngehäuse
- 10 g Zucker
- 4 Blatt Basilikum, gezupft
- 5 g Salz
- 5 g Balsamicoessig
- 1,5 große Dosierlöffel GELEA instant

Frischkäse
- 500 g Frischkäse
- 4 Blatt Gelatine
- Prise Zitronensalz
- Pfeffer weiß, gemahlen

Tomatensalat

- Energie 33,1 kcal
- Fett 59,3 g
- Kohlenhydrate 7,59 g
- Eiweiß 287 mg

Nährwerte je 100g

Frischkäse

- Energie 93,4 kcal
- Fett 919 mg
- Kohlenhydrate 3,89 g
- Eiweiß 16,4 g

Nährwerte je 100g

Equipment/Geräte:

— Topf & Schneebesen
— Klarsichtfolie
— Ausstechformen, rund
— Spritzbeutel
— Pacojet (alternativ Moulinette)

Tipp: *Schichten Sie dieses Gel mit Frischkäse in einer Terrinenform, als kreative Variante für eine Vorspeise. Wenn man den Frischkäse marinieren möchte, diesen vorher mit 4 Blatt aufgelöster Gelatine mischen, sodass ein schöneres Schnittbild entsteht.*

matjes-salat **mit roter bete** für 4 Personen

Matjeswürfel

— 4 Matjesfilets
— 200 g saure Sahne
— 1 Schalotte
— 1 Apfel
— 1 Blatt Gelatine
— 1 Essiggurke

Bohnen

— 80 g Bohnen, frisch oder tiefgekühlt
— 5 g Schinkenspeck sehr fein gewürfelt
— Salz, Pfeffer, Zucker, evtl. Bohnenkraut
— 2,5 kleine Dosierlöffel GELEA instant

Rote Bete-Würfel

— 40 g Rote Bete
— 60 g Fond der Roten Bete
— Spritzer Balsamico, Salz, Zucker
— 0,5 große Dosierlöffel GELEA instant

Bohnen

120 g leicht gesalzenes Wasser mit einer Prise Zucker und den übrigen Zutaten aufkochen, die Bohnen ca. 1 Minute darin blanchieren. Anschließend die Bohnen mit dem Kochwasser sehr fein pürieren, GELEA instant unter Rühren zugeben und nochmals aufkochen. Die Masse auf ein mit Folie ausgelegtes Blech oder Schale füllen und kaltstellen, wobei die Schichtdicke mindestens ½ cm betragen sollte. Anschließend kann die Masse in bohnengroße Stücke oder Stangen geschnitten werden. Zum Erwärmen verfahren Sie wie unter den Grundtipps für GELEA instant angegeben, s. Seite 40.

Matjes

Matjesfilets abspülen und mit einem Küchenpapier trockentupfen. Den Apfel schälen, entkernen und zusammen mit den Matjesfilets, der Gurke, sauren Sahne, Salz und einer Prise Pfeffer sehr fein pürieren. Die eingeweichte und ausgedrückte Gelatine kurz erwärmen, sodass sich diese auflöst. Etwas Matjesmixtur hinzufügen, mit der Gelatine glatt rühren und anschließend den Rest der Matjesmixtur hinzugeben und alles gut verrühren. Die Masse in gewünschte Form füllen und für zwei bis drei Stunden in den Kühlschrank stellen. Bei Bedarf stürzen, in Würfel schneiden und mit den anderen Komponenten anrichten.

Rote Bete

240 g leicht gesalzenes Wasser mit einer Prise Zucker und einem Spritzer Balsamico aufkochen und die Rote Bete ca. 1 Min. darin blanchieren. Anschließend alles sehr fein pürieren und mit GELEA instant vermischen und nochmals aufkochen. Die Masse auf ein mit Folie ausgelegtes Blech oder Schale füllen und kaltstellen. Um eine angemessene Höhe zu erreichen, sollte die ausgefüllte Masse noch mind. ¼ cm hoch sein. Anschließend die Masse in kleine Würfel schneiden. Zum Schluss werden Bohnen-, Matjes- und Rote Bete-Würfel gemischt und zusammen angerichtet.

Bohnen	
· Energie	21,9 kcal
· Fett	774 mg
· Kohlenhydrate	2,39 g
· Eiweiß	1,26 g

Nährwerte je 100g

Rote Bete Würfel	
· Energie	33,1 kcal
· Fett	53,6 mg
· Kohlenhydrate	7,07 g
· Eiweiß	831 mg

Nährwerte je 100g

Matjeswürfel	
· Energie	158 kcal
· Fett	11,7 g
· Kohlenhydrate	3,07 g
· Eiweiß	10,1 g

Nährwerte je 100g

Equipment/Geräte:

— Töpfe
— Moulinette
— Klarsichtfolie
— Blech/tiefe Schale
— Küchenpapier
— Sparschäler
— Schneebesen
— Förmchen
— feines Sieb

rindsroulade **mit glacierten möhren & kartoffelpüree** für 4 Portionen

Rindsroulade

- 4 hausgemachte Rindsrouladen à 60 g, fertig geschmort
- 360 g Rindsbouillon flüssig (hausgemacht, s. Grundrezept Seite 72 oder Fertigprodukt)
- 3 große Dosierlöffel GELEA instant

Rindsroulade	¼ l Soße
· Energie	68,1 kcal
· Fett	3,92 g
· Kohlenhydrate	5,64 g
· Eiweiß	2,53 g
	Nährwerte je 100g

Tipp: *Sollten Sie keinen Pacojet besitzen, wird das Fleisch und das Gemüse in der Moulinette so zerkleinert, dass eine Farce entsteht. Die Masse sollte in der Moulinette nicht wärmer als 2 °C sein, da sie sonst schmierig wird. Nun verfahren Sie wie oben im Rezept beschrieben.*

Rindsroulade

Rindsbouillon zusammen mit GELEA instant unter Rühren aufkochen, zusammen mit den geschmorten Rouladen in einen Pacossierbecher füllen und für 24 Stunden bei -22°C einfrieren. Nun wird die Fleischfarce mit dem Tiefkühlmesser im Pacojet pacossiert und auf eine mit Folie ausgelegte Auflaufform rechteckig ausgestrichen (nicht dicker als 3mm). Abschließend die Masse auf 100°C erhitzen und abkühlen lassen.

Equipment/Geräte:

- Mixstab
- Rührschüsseln/hohe Gefäße
- Klarsichtfolie, Alufolie
- Auflaufformen, rechteckig
- Sieb
- Töpfe
- Kochlöffel
- Kartoffelpresse/Stampfer
- Pacojet (alternativ Moulinette)

Die Rezepte für Füllung und Beilagen finden Sie auf der Folgeseite.

Rindsroulade mit glacierten Möhren und Kartoffelpüree

rindsroulade **mit glacierten möhren & kartoffelpüree** – Fortsetzung

Gurkenfüllung

— 60 g Gurkenfond
— 40 g Gewürzgurke
— ½ großer Dosierlöffel GELEA instant

Karotten

— 160 g Karotten
— 240 g Gemüsefond
— 10 g Butter
— 10 g Schalotten, fein gewürfelt
— Prise Salz, Zucker
— 1,5 große Dosierlöffel GELEA instant

Gurkenfüllung	
· Energie	104 kcal
· Fett	4,69 g
· Kohlenhydrate	4,71 g
· Eiweiß	10,6 g
	Nährwerte je 100g

Karotten	
· Energie	26,2 kcal
· Fett	1,06 g
· Kohlenhydrate	3,64 g
· Eiweiß	415 g
	Nährwerte je 100g

Gurkenfüllung

Gurkenfond zusammen mit den Gurken in einen Pacossierbecher füllen und für 24 Stunden bei -22 °C einfrieren. Nun wird diese Masse mit dem Tiefkühlmesser im Pacojet pacossiert.
Gurkenmix mit ½ großen Dosierlöffel GELEA instant aufkochen und auf der erkalteten Rouladenschicht verteilen. Ist auch die Gurkenschicht erkaltet, die Roulade mit Hilfe der Klarsichtfolie zusammen rollen.

Karotten

In wenig Butter die Schalottenwürfel glasig dünsten, Karottenscheiben oder –würfel mit anschwitzen und anschließend mit einer Prise Zucker leicht karamellisieren. In einem weiteren Topf den Gemüsefond abschmecken, mit GELEA instant verrühren und aufkochen lassen.
Den gebundenen Gemüsefond mit den karamellisierten Karotten in einen Pacossierbecher füllen und für 24 Stunden bei -22 °C einfrieren, bevor die Masse mit dem Tiefkühlmesser im Pacojet pacossiert wird. Die Karottenmasse kann nun individuell auf ein Blech, in Auflauf- oder Timbalformen gegeben werden.

Püree

Kartoffeln in gleichmäßige Würfel schneiden, parallel die Vollmilch aufkochen. Die Kartoffelwürfel in heißem Salzwasser sieden (oder im Drucksteamer garen), des Öfteren abschäumen. Das Salzwasser abschütten, die Kartoffeln etwas ausdampfen lassen und noch heiß pürieren. Nach und nach die Butterflocken sowie die heiße Vollmilch hinzugeben und glatt rühren. Nach Belieben mit Muskat und Salz abschmecken.

Püree

- 550 g Kartoffeln, Typ C, geschält
- 5 g Salz
- 25 g Butter
- 100 g Vollmilch
- Muskatnuss, gemahlen
- Prise Salz

Tipp: *Im Schnellkochtopf gedämpfte Kartoffeln verlieren weniger an Aroma. Die Milchzugabe kann variieren und richtet sich nach den verwendeten Kartoffeln, wobei mehlige Sorten vom Kochtyp C vorzuziehen sind. Die Butter wie auch Teile der Milch können mit Rahm, Sauerrahm, Mascarpone, Joghurt oder kaltgepresstem Olivenöl ergänzt werden.*
Gehackte Kräuter, Safran oder saisonale Produkte wie pürierte Kastanien geben eine persönliche Note.

Püree	
· Energie	94,9 kcal
· Fett	3,71 g
· Kohlenhydrate	12,7 g
· Eiweiß	2,17 g
	Nährwerte je 100g

hähnchenschenkel **mit currysauce und brokkoli** für 4 Personen

Hähnchenschenkel

- 200 g Hähnchenbrustfilet (frisch oder tiefgekühlt)
- 200 g Kochcreme
- Salz
- Pfeffer weiß, gemahlen

Zum Bräunen

- 5 g Erdnussöl
- Große Prise Paprikapulver, edelsüß

Equipment/Geräte:

- Pacojet mit Tiefkühlmesser (Alternativ Moulinette/leistungsstarker Mixer)
- Klarsichtfolie
- Formen für Hähnchen
- Flambierbrenner
- Dämpfer
- Schüssel, Schneebesen
- Topf
- Ausstechformen
- Sparschäler
- Backblech/tiefe Schale

Hähnchenschenkel

Das in Würfel geschnittene Hähnchenfleisch mit Salz, Pfeffer und der Kochcreme im Pacossierbecher für 24 Stunden bei -22 °C einfrieren. Die Masse wird im Pacojet pacossiert. Anschließend die Masse in eine gefettete Hähnchenkeulen-Form geben, mit Folie bedecken und bei 80°C für 20 Min. im Dämpfer garen. Nach dem Garen stürzen, mit Öl bestreichen und anschließend mit Paprikapulver sehr fein bestäuben. Mit einem Flambierbrenner bräunen.

Als Alternative für den Haushalt:

Das gewürfelte Hähnchenfleisch mit 200 g Kochcreme vermengen, die Masse eine ½ Std. kaltstellen. Anschließend die Masse in einer Mulinette oder leistungsstarkem Mixer so zerkleinern, dass aus der Masse eine feine Farce entsteht. Die Masse sollte vor dem Cuttern in der Mulinette nicht wärmer als 2 °C sein, da sie sonst während des Zerkleiners zu stark erhitzt und dadurch schmierig wird. Dann wie o. a. weiterverfahren.

Die Rezepte für Sauce und Beilagen finden Sie auf der Folgeseite.

Hähnchenschenkel

Energie	142 kcal
Fett	8,81 g
Kohlenhydrate	2,2 g
Eiweiß	13,7 g

Nährwerte je 100g

hähnchenschenkel **mit currysauce und brokkoli** – Fortsetzung

Currysauce

- 20 g Schalotten
- 5 g Erdnussöl
- ¼ Apfel ohne Schale
- ¼ Banane
- 1 TL Currypulver mild
- 100 g Gemüsebrühe verzehrfertig (Grundrezept Seite 65)
- 20 g Sahne
- Salz, Zucker

Currysauce

Schalotten fein würfeln und anschließend im Erdnussöl glasig dünsten. Den Apfel hinzugeben und mit Currypulver bestäuben, alles noch einmal kurz weiterdünsten und mit der Gemüsebrühe auffüllen. Banane hinzugeben und köcheln lassen.

Nach ca. 20 Min. alles sehr fein pürieren und noch einmal mit Salz, und Zucker abschmecken. Zur Verfeinerung etwas Sahne hinzufügen.

Currysauce	
Energie	81,4 kcal
Fett	5,45 g
Kohlenhydrate	7,21 g
Eiweiß	893 mg

Nährwerte je 100g

Brokkoli

240 g gesalzenes Wasser mit einer Prise Zucker aufkochen und darin den geputzten und in Stücke geschnittenen Brokkoli etwa 15 Sekunden blanchieren. Anschließend den Brokkoli entnehmen, den Fond mit GELEA instant vermischen und nochmals aufkochen. Brokkoli und Fond werden nun in den Pacossierbecher überführt und für 24 Stunden bei -22 °C eingefroren. Anschließend wird mit dem Tiefkühlmesser im Pacojet pacossiert bzw. alternativ in der Moulinette püriert. Die pacossierte Brokkolimasse wird in eine gewünschte Form gegeben, auf 100 °C erhitzt und wieder abgekühlt. Zum Servieren werden die gestürzten Brokkoliröschen mit den anderen Zutaten nur auf eine max. Verzehrtemperatur von 60 °C erwärmt.

Brokkoli

— 80 g Brokkoli frisch
— 240 g Mineralwasser still
— Salz, Zucker
— 2 große Dosierlöffel GELEA instant

Brokkoli

· Energie	16,4 kcal
· Fett	67,9 g
· Kohlenhydrate	2,66 g
· Eiweiß	1,12 g

Nährwerte je 100g

rindergulasch **mit paprikagelee & kartoffelpasta** für 4 Personen

Gulasch

— 250 g mageres Rindfleisch, sehnenfrei
— 20 g Sonnenblumenöl
— 480 g Rindsbouillon (hausgemacht, s. Grundrezept Seite 64 oder Fertigprodukt)
— 4 große Dosierlöffel GELEA instant

Tipp: *Sollten Sie keinen Pacojet besitzen, wird das Fleisch und das Gemüse in der Moulinette so zerkleinert, dass eine Farce entsteht. Die Masse sollte in der Moulinette nicht wärmer als 2 °C sein, da sie sonst schmierig wird. Nun verfahren Sie wie oben im Rezept beschrieben.*

Die Rezepte für Sauce und Beilagen finden Sie auf der Folgeseite.

Gulasch

Rindfleisch scharf anbraten, Zwiebeln zugeben und weiter braten, bis alles eine geschmorte Farbe aufweist. Tomatenmark hinzufügen, mit Rotwein ablöschen und einreduzieren lassen. Gepressten Knoblauch, Kümmel, Salz, Zitronenabrieb und Majoran hinzufügen, mit ¼ Liter Wasser auffüllen und so lange kochen, bis die Sauce stark reduziert ist. In einem separaten Topf die Rindsbouillon mit GELEA instant aufkochen und alles zusammen mit dem Gulasch in einen Pacossierbecher geben, der für 24 Stunden bei -22 °C eingefroren und anschließend pacossiert wird. Diese Masse wird ca. 1 cm dick auf ein mit Folie ausgelegtes Blech gestrichen und auf 100 °C erhitzt. Nach dem Abkühlen stürzen, in Würfel schneiden und mit der Sauce bei Bedarf auf 60 °C erhitzen.

Equipment/Geräte:

— Töpfe
— Schneebesen
— Sieb
— Topf und Schüssel für Wasserbad
— Kartoffelpresse/Stampfe
— Pacojet (alternativ Moulinette)

Gulasch
- Energie 112 kcal
- Fett 5,55 g
- Kohlenhydrate 1,74 g
- Eiweiß 13,7 g

Nährwerte je 100g

rindergulasch **mit paprikagelee& kartoffelpasta** – Fortsetzung

Sauce

- 250 g Zwiebeln, fein gehackt
- Spritzer Weißwein, Madeira
- 1 Teelöffel Tomatenmark
- 1 Knoblauchzehe
- 250 g Wasser
- 200 g Rotwein
- 20 g Paprika
- Salz, Kümmel gemahlen, Majoran, etwas Zitronenabrieb, Prise Zucker

Sauce	
· Energie	161 kcal
· Fett	11,9 g
· Kohlenhydrate	6,84 g
· Eiweiß	3,9 g

Nährwerte je 100g

Paprikagelee	
· Energie	44,1 kcal
· Fett	2,82 g
· Kohlenhydrate	4,14 g
· Eiweiß	0,48 g

Nährwerte je 100g

Sauce

Paprika in feine Streifen schneiden. Anschließend in Butter weich dünsten und warm stellen.
Den nicht zu heißen Bratensatz mit Paprika würzen und sofort mit Weißwein und Madeira ablöschen, reduzieren lassen. Die braune Grundsauce hinzugeben und zur gewünschten Konsistenz einkochen. Die Sauce mit Salz und Pfeffer abschmecken.
Reduzieren lassen. Die braune Grundsauce hinzugeben, zur gewünschten Konsistenz einkochen lassen und durch ein Sieb passieren. Die Kochcreme hinzufügen, kurz aufkochen und abschließend mit Salz und Pfeffer abschmecken.

Paprikagelee

Jeweils 100 g Mineralwasser mit einer Prise Salz und Zucker abschmecken und anschließend mit 1 großen Dosierlöffel GELEA instant einmal aufkochen. Mit der Paprika in einem Pacossierbecher für 24 Stunden bei -22 °C einfrieren. Anschließend pacossieren, einmal aufkochen und in die gewünschte Form abfüllen.

Pasta in Püreeform

Die Zwiebeln in Butter andünsten, das Mehl hinzugeben und zu einer hellen Roux anschwitzen, abkühlen lassen. Die Milch mit dem Lorbeerblatt und den Gewürznelken einmal aufkochen und anschließend die Gewürze wieder entfernen. Die Milch unter Rühren zur Roux geben und unter Rühren einmal aufkochen lassen. Die Masse für 30 Minuten im Wasserbad ziehen lassen, dabei des Öfteren umrühren. Mit Salz, Cayennepfeffer und Muskatnuss abschmecken und anschließend mit der gestampften Kartoffel verfeinern.

Paprikagelee

— 80 g je Paprika, rot, grün, gelb, entkernt
— 300 g Mineralwasser still
— 30 g Butter
— 15 g Schalotten
— 3 große Dosierlöffel GELEA instant

Pasta in Püreeform

— 250 g Vollmilch
— 12 g Butter
— 10 g Zwiebeln, geschält
— 40 g Weißmehl
— 200 g gekochte Kartoffeln
— Salz, Lorbeerblatt, Gewürznelken, Cayennepfeffer, Muskatnuss, gemahlen

Pasta in Püreeform

• Energie	103 kcal
• Fett	3,85 g
• Kohlenhydrate	13,5 g
• Eiweiß	3,17 g

Nährwerte je 100g

gefülltes lachsfilet, **basilikumgelee & tomatensugo** für 4 Personen

Lachsfarce

— 200 g Lachsfilet
— 200 g Sahne
— 10 g Limettensaft
— Koriandersamen, geröstet und gemörsert
— Salz, Pfeffer

Tomatensugo

— 40 g reife Tomaten ohne Kerngehäuse
— ½ Teelöffel Balsamico
— 120 g Tomatensaft
— Salz, Pfeffer
— 5 kleine Dosierlöffel GELEA instant
— ½ kleiner Dosierlöffel VISCO instant, GELEA instant

Lachsfarce

Lachsfilet in kleine Würfel schneiden und mit dem Limettensaft, Salz, Pfeffer und der Sahne in einem Pacossierbecher für 24 Stunden bei -22 °C einfrieren. Diese Masse wird mit einem Tiefkühlmesser im Pacojet pacossiert. Bei Fischfarcen wird dieser Vorgang noch einmal wiederholt, da anschließend eine volumiösere Masse erhalten wird. Die Masse wird in einem Spritzbeutel zusammen mit dem Basilikumgelee in Silikonformen gespritzt, mit Folie bedeckt und bei 75 °C für 30 Min. im Dämpfer gegart.

Lachsfarce	
· Energie	147 kcal
· Fett	10,4 g
· Kohlenhydrate	4,51 g
· Eiweiß	8,95 g

Nährwerte je 100g

Tipp: *Sollten Sie keinen Pacojet besitzen, wird der Lachs und das Gemüse in der Moulinette so zerkleinert, dass eine Farce entsteht. Die Masse sollte in der Moulinette nicht wärmer als 2 °C sein, da sie sonst schmierig wird. Nun verfahren Sie wie oben im Rezept beschrieben.*

Tomatensugo

In Würfel geschnittene Tomaten mit Salz, Zucker und dem Balsamico abschmecken. 60 g Tomatensaft mit GELEA instant vermischen und aufkochen. Zusammen mit den Tomatenwürfeln in einen Pacossierbecher füllen und bei -22 °C für 24 Stunden einfrieren, bevor die Masse mit dem Tiefkühlmesser im Pacojet pacossiert wird. Anschließend die Masse noch einmal auf 100 °C erhitzen, auf ein mit Folie ausgelegtes Blech füllen (ca. ½ cm Höhe) und kaltstellen. Nun wird die Masse in Würfel geschnitten. Außerdem werden 60 g Tomatensaft mit dem VISCO instant verrührt und 10 Min. quellen lassen. Abschließend alles mit den Tomatenwürfeln vermischen und vorsichtig bis auf 50 °C erhitzen, sodass alles nach Belieben mit dem Lachs angerichtet werden kann.

Basilikum-Bechamelpüree

Mineralwasser leicht salzen, mit dem GELEA instant aufkochen und mit den Basilikumblättern vermischen. Alles in einen Pacossierbecher geben und für 24 Stunden bei -22 °C einfrieren, bevor alles pacossiert wird. Zur Weiterverarbeitung die pacossierte Lachsfarce und das Basilikum-Bechamelpüree in Silikonformen spritzen, mit Folie bedecken und bei 75 °C für 30 Min. garen.

Basilikumgelee

— 30 g Mineralwasser still
— 20 g Basilikum
— 2,5 kleine Dosierlöffel GELEA instant
— Salz

Equipment/Geräte:

— Pacojet (alternativ Moulinette)
— Klarsichtfolie, Formen
— Dämpfer
— Rührschüssel, Töpfe
— Blech/tiefe Schale
— Schüssel für Wasserbad
— Zwei-Kammer-Spritzbeutel

Basilikum-Bechamelpüree	
· Energie	332 kcal
· Fett	24,1 g
· Kohlenhydrate	19,7 g
· Eiweiß	9,63 g
	Nährwerte je 100g

Tomatensugo	
· Energie	17,1 kcal
· Fett	58,6 mg
· Kohlenhydrate	3,35 g
· Eiweiß	313 mg
	Nährwerte je 100g

andickungen

Sie benötigen für diese Kategorie
u. a. folgende Hilfsmittel:

seneoPro
VISCO instant

Tiefe Teller

Besteck

Nasenausschnitt-
becher

angedickte**flüssigkeiten**

Personen mit Schluckbeschwerden oder -störungen können keine normalen Flüssigkeiten mehr zu sich nehmen, da ihr Schluckreflex, wenn überhaupt, nur verzögert ausgelöst wird und dadurch die Flüssigkeit u. U. in die Luftröhre gelangt. Falls der Patient dies nicht durch den natürlichen Hustenreiz selber wieder lösen kann, können ernsthafte Komplikationen entstehen. Diese sogenannte „stille Aspiration" wird durch eine verminderte Sensibilität im Rachenbereich ausgelöst.

Eine Andickung von Flüssigkeiten ist für diese Patienten sehr wichtig, da hierdurch die Fließfähigkeit des Nahrungsmittels oder Getränks beeinflusst und verlangsamt wird. Der Patient erhält dadurch die Möglichkeit, dass er selbst die Flüssigkeit im Mundraum wahrnehmen und den Schluckreflex auslösen kann.
Patienten mit Schluckstörungen sollten bei der Nahrungsaufnahme beobachtet werden, sodass Aspirationshinweise nicht übersehen oder erst zu spät realisiert werden können. Dazu gehören u. a. eine verstärkte Verschleimung des Hals-Nasen-Ohren-Traktes ohne direkte Erkältung, Husten und Räuspern vor, während oder nach dem Essen, Kurzatmigkeit oder gehäufte Erkrankungen der Bronchien.

Eine sensorisch angenehme und einfache Andickung gelingt mit der Pulvermischung VISCO instant. VISCO instant besteht u.a. aus den natürlichen und kalt löslichen Verdickungsmitteln Xanthan (Bildung mit der Hilfe von Mikroorganismen) und Guarkernmehl (pflanzliches Produkt der Guarbohne) und kann universell zur Andickung von verschiedenen Flüssigkeiten eingesetzt werden.

Für die Zubereitung benötigt man keine speziellen oder aufwändigen Geräte: Löffel oder Gabel sowie eine Glas oder Becher reichen vollkommen aus. Zur Andickung gibt man die entsprechende Menge VISCO instant (s. Dosiertabelle) in das Gefäß (Abb. 1) und gibt die kalte oder leicht warme Flüssigkeit einfach hinzu (Abb. 2). Das Pulver löst sich meistens schon während der Flüssigkeitszugabe vollständig auf. Rühren Sie dennoch einmal kurz

1.

2.

3.

4.

mit einem Löffel oder einer Gabel um, damit sich VISCO instant gleichmäßig verteilen kann (Abb. 3 und 4).

Die Mischung lassen Sie nun kurz ruhen. Bereits nach wenigen Minuten ist die gewünschte Andickung erreicht. Die Konsistenz kann durch Variation der zugesetzten VISCO instant Menge in Abhängigkeit des Grads der vorliegenden Schluckbeeinträchtigung in einem weiten Bereich eingestellt werden.
Sollen heiße Flüssigkeiten wie Kaffee, Tee oder eine Sauce angedickt werden, so empfiehlt sich zunächst die Vorlösung der benötigten Menge VISCO instant in einem Teil an kalter Flüssigkeit. Bei Kaffee kann dies z. B. Milch sein, bei einer Sauce eine der bereits verwendeten Zutaten, z. B. Wasser. Anschließend gibt man diese Mischung einfach zur heißen Komponente hinzu, rührt kurz um und lässt die fertige Flüssigkeit dann einige Minuten bis zum Erreichen der gewünschten Andickung stehen.

Dosieranleitung

Wichtig: Die folgende Reihenfolge einhalten!
1,5 kleine Dosierlöffel VISCO instant in Becher oder Glas geben. Ca. 100 g Flüssigkeit zugeben und kurz mit einem Löffel umrühren. Die gewünschte Andickung erfolgt innerhalb von 5-10 Min. Bei heißen Getränken erst ca. 30 g kaltes Wasser zum VISCO instant Pulver zugeben, kurz umrühren, danach mit dem heißen Getränk auffüllen und nochmals kurz umrühren.

Lebensmittel	**kleine Dosierlöffel per 100 g**
Fruchtsaft/andere saure Getränke	1,5
Fruchtsaft (höher viskos)	1,5
Milch	1,5
Brühe/fetthaltige Lösungen mit Salz	1,5
Wässrige und fetthaltige Lösungen ohne Salz	1,5

heißer **milchkaffee oder tee**

für 1-2 Portionen

Heißer Milchkaffee oder Tee

· Energie	9,7 kcal
· Fett	347 mg
· Kohlenhydrate	1,11 g
· Eiweiß	506 mg

Nährwerte je 100g

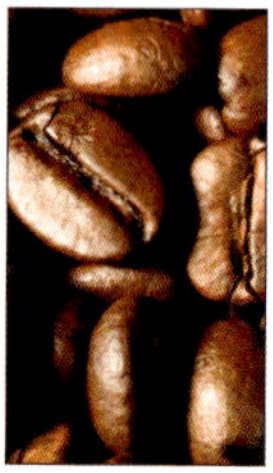

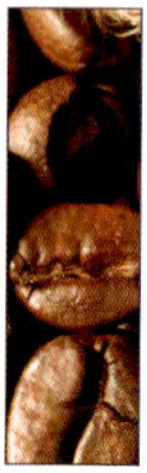

Heißer Milchkaffee oder Tee mit einer viskosen Bindung

— 20 g Milch 1,5 %
— 180 g Kaffee
— 1 kleiner Dosierlöffel VISCO instant
— Zucker nach Belieben

Equipment/Geräte:

— Gefäß/Tasse
— Löffel

Heißer Milchkaffee oder Tee mit einer viskosen Bindung

Milch zu VISCO instant in ein Trinkgefäß geben, umrühren und ca. 5-10 Min. quellen lassen. Anschließend mit heißem Kaffee vermischen und servieren. Bei Bedarf kann die Milchmischung zuvor mit Zucker gesüßt werden.

Tee wird durch das gleiche Verfahren angedickt; dazu kann die Milch auch durch die gleiche Menge an kaltem Wasser ausgetauscht werden.

ananas-karotte-apfel-**smoothie**

für 3-4 Portionen

Ananas-Karotte-Apfel-Smoothie

Ananas schälen und diese sowie den Apfel und die Karotten im Power Juicer entsaften. Alles miteinander vermischen und direkt mit dem VISCO instant in ein Gefäß gießen. Alles kurz mit einem Löffel verrühren; nach ca. 5 – 10 Min. entsteht eine leichte, cremige Konsistenz. Der Smoothie ist nun verzehrfertig.

Tipp: *Der Anteil der Säfte kann variiert werden. Frisch gepresste Säfte sind von Vorteil; Sie können aber auch Fertigsäfte dazu verwenden.*

Ananas-Karotte-Apfel-Smoothie

Energie	40,1 kcal
Fett	266 mg
Kohlenhydrate	8,33 g
Eiweiß	684 mg

Nährwerte je 100g

Ananas-Karotte-Apfel-Smoothie

- ¼ einer ganzen Ananas
- 1 großer Apfel
- 1 - 1½ große Karotten
- 0,5 kleine Dosierlöffel VISCO instant

Equipment/Geräte:

- Schälmesser/Sparschäler
- Power Juicer (Fruchtsaftpresse)
- Glas
- Löffel

milchmix **erdbeer**

für 1-2 Portionen

Milchmix Erdbeer

— 100 g Erdbeeren
— 20 g Zucker
— 100 g Milch 1,5 %
— 0,5 kleine Dosierlöffel VISCO instant

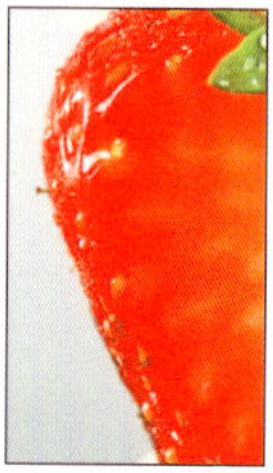

Milchmix Erdbeer	
· Energie	75,6 kcal
· Fett	871 mg
· Kohlenhydrate	14,2 g
· Eiweiß	1,96 g
	Nährwerte je 100g

Equipment/Geräte:

— Moulinette
— Rührschüssel/ hohes Gefäß
— Glas

Milchmix Erdbeer

Erdbeeren mit Zucker und Milch sehr fein pürieren. VISCO instant in ein Gefäß geben und unter Rühren mit dem Milchmix auffüllen. Für ca. 5-10 Min. quellen lassen, in ein Glas umfüllen und servieren.

Bei Varianten mit Quark oder Joghurt die Hälfte der Milchmenge ersetzen und mit der anderen Hälfte der Milch glatt rühren.

Bei Mischungen mit stillem Mineralwasser oder Sprudel, Wein oder Smoothies (Gemüse oder Obst) können Sie den Mix nach den Empfehlungen der Dosiertabelle herstellen.

frühstücks**brot** für 1 Portion

Frühstücksbrot

Kaffee mit VISCO instant glatt rühren und mit einem Esslöffel die Kaffeemischung auf dem Brot so verteilen, dass die Ränder und die Optik der ganzen Scheibe erhalten bleiben.

Frühstücksbrot

- 1 Scheibe (ca. 35 g) rindenloses Weißbrot, Graubrot oder Grahambrot
- 60 g Milchkaffee
- 0,5 kleine Dosierlöffel VISCO instant

Frühstücksbrot	
Energie	40,2 kcal
Fett	512 mg
Kohlenhydrate	7,2 g
Eiweiß	1,58 g

Nährwerte je 100g

Equipment/Geräte:

- Esslöffel
- Kleine Schüssel
- Teller zum Anrichten

erdbeer**aufstrich** für 8-10 Portionen

Erdbeeraufstrich

— 200 g geputzte Erdbeeren
— 70 g Zucker
— 30 g Vanillezucker
— 1 kleiner Dosierlöffel VISCO instant

Erdbeeraufstrich	
· Energie	159 kcal
· Fett	216 mg
· Kohlenhydrate	37,4 g
· Eiweiß	614 mg
	Nährwerte je 100g

Equipment/Geräte:

— Moulinette
— Rührschüssel/hohes Gefäß
— Feines Sieb
— Kleine Schüssel

Erdbeeraufstrich – die Alternative zur kaltgerührten Marmelade

Erdbeeren, Zucker und Vanillezucker sehr fein pürieren. Die Masse durch ein feines Sieb streichen und anschließend mit VISCO instant unter Rühren binden. Nach ca. 30 Min. ist der Erdbeeraufstrich verzehrfertig.

leberwurst-**frischkäsecreme**

für 4-6 Portionen

Leberwurst-Frischkäsecreme

Alle Zutaten sehr fein pürieren, durch ein feines Sieb streichen und anschließend mit VISCO instant unter Rühren binden. Nach ca. 10 Min. ist der Aufstrich verzehrfertig. Mit einem Spritzbeutel die Masse auf das vorbereitete Brot dressieren und mit angedicktem Petersilienfond garnieren.

Petersilienfond s. Grundrezepte Seite 74.

Leberwurst-Frischkäse-creme

- 1 Scheibe (ca. 35 g) rindenloses Weißbrot, Graubrot oder Grahambrot
- 100 g Kalbsleberwurst
- 100 g Frischkäse
- 60 g Gewürzgurke
- 80 g Gurkenfond
- 1 kleiner Dosierlöffel VISCO instant

Leberwurst-Frischkäse-creme

Energie	197 kcal
Fett	17,3 mg
Kohlenhydrate	2 g
Eiweiß	8,31 g

Nährwerte je 100g

Equipment/Geräte:

- Moulinette
- Rührschüssel/hohes Gefäß
- Feines Sieb
- Kleine Schüssel

smoothfood**grundrezepte**

Rindsbouillon

· Energie	56,2 kcal
· Fett	3,17 g
· Kohlenhydrate	466 mg
· Eiweiß	6,46 g

Nährwerte je 100g

Geflügelfond

· Energie	64 kcal
· Fett	4,7 g
· Kohlenhydrate	0,5 mg
· Eiweiß	5,1 g

Nährwerte je 100g

Gemüsebrühe

· Energie	3,32 kcal
· Fett	0,1 g
· Kohlenhydrate	0,2 g
· Eiweiß	0,4 g

Nährwerte je 100g

Rindsbouillon

für 500 g

- 500 g Rindsknochen zersägt
- 50 g Bleichsellerie geputzt
- 1.000 g Wasser
- 5 g Meersalz grob
- 100 g Gemüsebündel (Lauch, Knollensellerie, Karotte, Petersilie)
- 30 g Tomate
- Gewürzsäckchen (Lorbeer, Nelken, zerdrückte Pfefferkörner, Majoran, Thymian)
- Pfeffer (weiß) aus der Mühle

Zersägte Rindsknochen und Rindfleischabschnitte blanchieren. Zuerst mit heißem, dann mit kaltem Wasser abspülen, Gemüsebündel bereitstellen und mit den Petersilienstielen ergänzen. Tomaten waschen, Gewürzsäckchen aus Lorbeer, Gewürznelken, zerdrückten Pfefferkörnern, Majoran und Thymian bereitstellen. Die Knochen und Parüren in kaltem Wasser aufsetzen und zum Siedepunkt bringen. Des Öfteren abschäumen und entfetten. Während der letzten Stunde das Gemüsebündel, die Tomaten und das Gewürzsäckchen beigeben. Fleischbouillon sorgfältig durch ein Passiertuch geben und nochmals abschmecken.

Heller Geflügelfond

Zutaten für 1.000 g:

- 10 g Rapsöl
- 800 g Geflügelkarkassen
- 300 g Hähnchen, frisch
- 160 g weißes Röstgemüse aus Lauch, Knollensellerie, Zwiebel und einigen Petersilienstielen)
- 100 g Weißwein
- 250 g Wasser
- 8 g Salz
- 1 Gewürzbeutel

— 1 g Salbei, frisch
— 1 g Rosmarin, frisch

Die Geflügelkarkassen zerkleinern und das Hähnchen halbieren und blanchieren. Einen Gewürzbeutel aus Lorbeer, Nelke, Pfefferkörnern, Thymian, Salbei und Rosmarin herstellen und bereithalten.

Die Geflügelkarkassen in Rapsöl andünsten, das weiße Mirepoix (Röstgemüse) beigeben und dünsten. Alles mit Weißwein ablöschen, kaltes
Wasser auffüllen, auf den Siedepunkt bringen und Salz zugeben. Das halbierte Hähnchen hinzufügen und bis zum Garpunkt im Fond belassen.

Den Fond öfters abschäumen sowie abfetten und für ca. 1½ Stunden sieden lassen. Während der letzten Stunde den Gewürzbeutel zugeben. Abschließend alles vorsichtig durch ein Passiertuch geben und zur weiteren Verwendung rasch abkühlen lassen.

Tipp: *Das Hähnchenfleisch kann für Geflügelsalat oder zur Herstellung von Geflügelkroketten weiterverwendet werden.*

Gemüsebrühe

Zutaten für 750 g Brühe verzehrfertig

— 20 g Rapsöl
— 100 g Zwiebeln, geschält
— 2 g Knoblauch, geschält
— 100 g Lauch, grün, geputzt
— 100 g Knollensellerie, geschält
— 100 g Karotten, geschält
— 50 g Weißkohl, gerüstet
— 20 g Fenchel, geröstet
— 10 g Petersilienstiele
— 1.000 g Wasser
— 10 g Salz
— 1 Gewürzsäckchen

Den Lauch längs halbieren und waschen, das weitere Gemüse in kleine Würfel schneiden. Ein Gewürzsäckchen aus Pfefferkörnern, Gewürznelken, Lorbeer und Thymian herstellen. Zwiebeln, Knoblauch und Lauch in Rapsöl andünsten, das restliche Gemüse und die Petersilienstiele hinzufügen und mitdünsten. Mit Wasser auffüllen, umrühren, alles einmal aufkochen und abschäumen. Salz und das Gewürzsäckchen beigeben und insgesamt noch einmal 45 Minuten langsam sieden lassen. Alles vorsichtig durch ein Passiertuch geben und zur weiteren Verwendung rasch abkühlen lassen.

Tipp: *Je nach Verwendungszweck des Gemüsefonds können die Gemüsezutaten sowie die Gewürze variieren.*

Petersilienfond	
· Energie	32,4 kcal
· Fett	242 g
· Kohlenhydrate	4,61 g
· Eiweiß	2,68 g
	Nährwerte je 100g

Petersilienfond

¼ Bund Blattpetersilie zupfen, die Blätter in 125 g kochendem Salzwasser kurz blanchieren, anschließend sehr fein pürieren. Durch ein feines Sieb streichen und mit 1 kleinem Dosierlöffel VISCO instant binden. Nach ca. 10 Min. ist die Masse verzehrfertig.

an^hang

smoothfood**produkte**

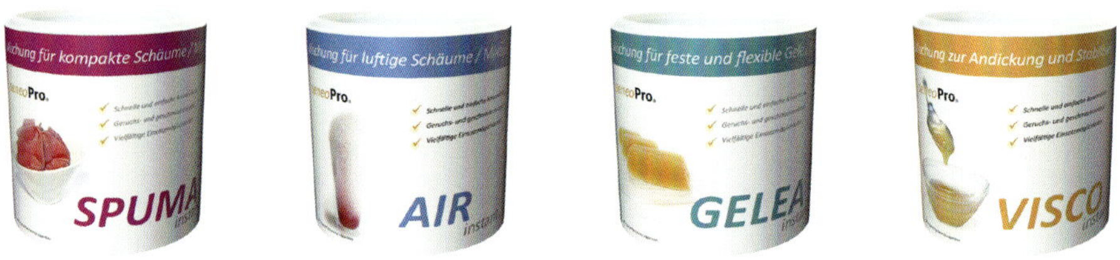

Die Produkte der seneoPro-Reihe

Mit den 4 hervorragend löslichen Pulvern der seneoPro Produktreihe können Sie schnell und einfach die 4 vorgestellten Kostformen zubereiten:

- **VISCO** *instant* für die Andickung flüssiger Lebensmittel bei Schluckbeeinträchtigung
- **GELEA** *instant* für die Zubereitung softer Gele, die tiefgefroren und wieder erwärmt werden können
- **SPUMA** *instant* für die Verarbeitung mit Whipper oder Handrührgerät zu stabilen Schäumen
- **AIR** *instant* für die Verarbeitung von Lebensmitteln zu aromatischen luftigen Schäumen, die Patienten, die über Magensonde ernährt werden erstmals wie der Geschmackserlebnisse ermöglichen

Insbesondere zeichnen sich diese innovativen Produkte durch folgende Vorteile aus:

- Universell einsetzbar und einfach dosierbar
- Geschmacksneutral und ballaststoffreich
- Für Vegetarier und Veganer geeignet
- Nur geringe Beeinflussung des Brennwerts der Zubereitung

In Deutschland und Österreich können alle Produkte über gut sortierte Apotheken oder den Großhandel bezogen werden.

www.smoothfood.de

Hier finden Sie alle wichtigen Informationen zum Thema Ernährung mit innovativen Kostformen für Personen mit körperlicher Beeinträchtigung, zum Einsatz der notwendigen Produkte und Hilfsmittel und Erklärungen zu den Hintergründen dieses neuen und hochwertigen Ernährungskonzepts:

- Direkter Zugang zu persönlichen Ansprechpartnern
- Ständig ergänzte Rezeptsammlung
- Tipps und Hilfe bei Schwierigkeiten
- Videos über die Herstellung und Events
- Aktuelle Informationen
- Forum für Diskussion, Fragen und Anregungen
- Online-Shop zum einfachen und schnellen Bezug aller benötigten Produkte und Hilfsmittel

Schauen Sie doch einfach einmal vorbei und informieren Sie sich. Über RSS Feed bleiben Sie einfach und unkompliziert immer auf dem aktuellen Stand.

iSi

iSi Multifunktionstools – die Küchenhelfer von der Berufsschule bis zum Sternekoch

Innovationskraft und Forschung – Erfolgsfaktoren, die die Weltmarktführerschaft von iSi im Bereich Druckgasbehälter begründen. Was 1811 in Wien begann, ist heute ein Global Player: Die iSi Gruppe exportiert 90 Prozent ihrer Produkte in mehr als 90 Länder. Neben dem Wiener Headquarter und Produktionsstandort unterhält iSi Niederlassungen in Deutschland und den USA.

Das ursprüngliche Tätigkeitsfeld der iSi Gruppe wurde im Laufe der Jahre stark erweitert: Zu den bekannten Consumer Products der iSi GmbH im Bereich der Schlagsahne- und Sodawasserzubereitung kamen neue Kochkonzepte wie die Espuma-Technik hinzu.

„Lust und Genuss pur durch innovative Zubereitungstechniken sind eindeutig das Erfolgsrezept in Haushalt und Gastronomie" erklärt iSi Alleinvorstand & Inhaber, Mag. Christian C. Pochtler

Die Firma iSi Deutschland GmbH, hervorgegangen aus dem Unternehmen Heimsyphon, ist mit ihren Produkten im deutschen Fachhandel, den Warenhäusern, Verbrauchermärkten und im Gastronomiehandel vertreten. Der Firmensitz ist in Solingen (Nordrhein-Westfalen). Handel und Verbraucher in Deutschland kennen iSi als Lieferant von innovativen und hochwertigen Haushalts- und Gastro-Artikeln, die für die perfekte Küche und echten Genuss unentbehrlich sind.

Espumas machen die „Seele" eines Lebensmittels erst sichtbar bzw. schmeckbar' – so die Aussage des Espuma-Erfinders Ferran Adrià.
Egal ob für die Zubereitung der iSi Gourmet WhipPLUS (0,25, 0,5 und 1 Liter mit Griffmanschette am Gerätekopf zum noch besseren Arbeiten in der Warmanwendung) oder der iSi Thermo WhipPLUS (0,5 Liter) – beide Geräteserien komplett aus Edelstahl – oder der iSi Thermo XPress Whip (1 Liter – das erste iSi Standgerät mit Thermoeffekt) zum Einsatz kommen – alle Geräte zeichnen sich durch eine unkomplizierte Bedienung, wirtschaftliches Arbeiten, schonende Verarbeitung von Lebensmitteln und ein edles Design aus. Alles kann pur verarbeitet werden, was dem heutigen Trend nach Gesundheit und Wellness entspricht.

Ob für den Nachwuchs oder den Profi – iSi Geräte gehören zum Küchenalltag wie das Messer oder die Schöpfkelle. Um sich schon zeitig mit der iSi Technik vertraut zu machen, stehen iSi Anwendungsberater für Berufs- und Kochschulen bereit, Interessierte gegen ein kleines Entgelt in die iSi Technik einzuweisen (ca. 4 Stunden). Dass man mit den iSi Geräten Kosten senkt und Zeit gewinnt und dadurch aktiv Geld verdient, hat die Riege der Köche bis hin zu den Sterneköchen weltweit schon lange erkannt. Doch es gibt noch viele weitere Vorteile, iSi Geräte täglich einzusetzen.

Mit abwechslungsreichen Angeboten wie z. B. Espumas, Suppen, Soßen, Fingerfood, Cocktails, Toppings und Sahnevariationen macht man Gäste zu Stammgästen. Die Geräte arbeiten unabhängig ohne Strom, was vor allem im Cateringbereich gerne genutzt wird. Die zubereiteten Speisen bleiben mehrere Tage ohne Qualitätsverlust im Kühlschrank haltbar, so dass das Thema Reste der Vergangenheit angehört. iSi Thermogeräte halten darüber hinaus ohne Strom kalte Anwendungen bis zu acht Stunden kalt und warme Anwendungen bis zu drei Stunden warm – unabhängig von Kühlschrank und Bain Marie.

Nicht wenige Köche haben mit einem iSi Gerät angefangen und arbeiten heute mit 15 bis 20 Geräten. Aus betriebswirtschaftlicher Sicht eine Anschaffung, die sich schnell rechnet. Saisonunabhängig sind die iSi Geräte 24 Stunden am Tag einsetzbar, egal ob zum Frühstück, Mittag- oder Abendessen, für den Cocktail, den Snack zwischendurch, die Happy-Hour usw.

Die mit den iSi Geräten zubereiteten Speisen schmecken nicht nur sehr gut, sondern sind auch optisch eine Augenweide und bringen vor allem gute Margen. Auch in der Avantgarde-Küche haben die iSi Geräte ihren festen Platz.

Tolle Rezeptkreationen werden sowohl über den iSi Rezeptordner, über die regelmäßig erscheinenden themenbezogenen Rezepthefte als auch übers Internet (www.isideutschland.de) angeboten. Das Rezeptheft ‚Smoothfood – Der sanfte Genuss' beinhaltet z. B. eine kleine Auswahl an bekömmlichen Gaumenfreuden, die sich hervorragend für den Einsatz im Kranken- und Pflegebereich eignen. Vom Latte Smoothie über Zucchinimousse bis hin zur French-Mayonnaise ohne Ei.

Wer sich erst einmal mit der einfachen iSi Technik vertraut gemacht hat, wird auch eigene Rezeptideen entwickeln. Jeder, der iSi Geräte einsetzt, wird schnell von den Vorteilen überzeugt sein:

- Zubereiten wenn Zeit ist servieren, wenn Bedarf ist
- optimale, gleich bleibende Qualität
- sicher zuzubereiten
- lange Haltbarkeit der Speisen
- viele Variationsmöglichkeiten für den Koch
- geringe Investition, wenig Aufwand, wirtschaftliches Arbeiten
- hohes Aufschlagvolumen
- Zubereitungen können mehrere Tage im Kühlschrank ohne Qualitätsverlust gelagert werden
- iSi Thermogeräte halten kalte Anwendungen bis zu 8 Stunden kalt und warme Anwendungen bis zu 3 Stunden warm - unabhängig von Kühlschrank und Bain Marie.
- iSi Geräte sind flexibel und unabhängig ohne Strom einsetzbar – ideal für den Cateringbereich, wo Mobilität gefragt ist.
- einfache Reinigung in der Spülmaschine
- Original iSi Sahnekapseln und iSi Profigeräte erfüllen HACCP Anforderungen

iSi Multifunktionstools

iSi Deutschland GmbH
Postfach 190360,
Tel.: +49 (0)212 – 3 97 -0
Fax: +49 (0)212 – 3 97 -233
isideutschland@isi-group.com
www.isideutschland.de

pacojet

Pacojet – Ideal zur Zubereitung von Smoothfood

Pacojet ist ein leistungsfähiges Profi-Küchengerät, das in revolutionärer Weise die Zubereitung von Kostformen für Menschen mit Kau- und Schluckbeschwerden ermöglicht.

Das Pacossieren ermöglicht Köchen, tiefgefrorene Lebensmittel ohne Auftauen zu ultraleichten Mousses, naturfrischen Eiscremes und Sorbets oder intensiv aromatischen Suppen, Saucen und Füllungen zu pürieren. Natürliche Aromen und wertvolle Nährstoffe, Vitamine und Mineralien bleiben in den servierfertigen Portionen erhalten.

- Die feine, cremige Konsistenz der pacossierten Lebensmittel eignet sich ideal um Schlucken wieder zu erlernen oder falsches Schlucken zu vermeiden.

- Eine weitere sensationelle Anwendung für Pacojet liegt in der Diät-, Schon- und Vollwertkost. Vitaminerhaltende, cholesterinarme, zuckerlose, salzarme und trotzdem intensiv aromatische Gerichte können in Sekunden auf den Teller gezaubert werden.

Wie Pacojet funktioniert:

Die frischen Produkte – Fleisch oder Fisch, Obst oder Gemüse – werden mit den gewünschten Zutaten in den Pacojet Becher gefüllt. Die luftdicht verschließbaren Becher werden mit einer Flüssigkeit Ihrer Wahl aufgefüllt und bei -22 °C mindestens 24 h eingefroren. Wenn Sie die Zubereitung verwenden möchten, platzieren Sie den Becher im Pacojet, wählen die Anzahl der Portionen, die Sie benötigen und drücken auf „Start".
Das Präzisionsmesser des Pacojet dreht sich mit 2.000 U/min. und kann extrem feine Lagen des Gefrierguts abfräsen, was zu einer ultrafeinen Konsistenz führt. Der nicht verwendete Inhalt des Bechers bleibt tiefgefroren und kann später weiter verwendet werden.

- Nutzt die innovative „Pacossiertechnik" – verarbeitet alle Arten von Lebensmitteln zu einer feinen, cremigen Konsistenz.

- Fräst sich durch tiefgefrorene Produkte ohne dass diese aufgetaut werden müssen: Optimale Frische und Nährstoffe bleiben erhalten.

- Bereitet einen Liter in 4 Minuten zu und einzelne Portionen in 20 Sekunden – nicht verwendeter Inhalt kann wieder zurück in den Tiefkühler gestellt werden.

Zum Pacojet System gehört:

Alles, was man für die Zubereitung eines kulinarischen Festmahls benötigt. Von der hochfunktionalen Pacojet Maschine, hergestellt mit Schweizer Technologie, über hochwertige Becher aus Chromstahl bis hin zum Präzisions Pacossiermesser – alle Zubehörteile für das Pacojet-System sind optimal aufeinander abgestimmt, spülmaschinenfest und langlebig.
Mit dem optional verfügbaren Coupe Set können auch frische (nicht gefrorene) Produkte wie Fisch oder Fleisch ohne Erzeugung von Wärme zerkleinert, gewürfelt oder püriert werden, mit besten Ergebnissen im Hinblick auf Hygiene, Geschmack und Farbe.

PACO JET

PACOJET AG
International und Schweiz:
Bundesstrasse 7, CH-6300 Zug
Tel.: +41 (0)41 – 7 10 25 22
Fax: +41 (0)41 - 7 10 25 38
Exclusivvertrieb Deutschland :
POWERLUX Vertriebs GmbH
Meilenberger Str. 4,
D-82057 Icking-Dorfen
Tel.: +49 (0)81 71 / 81 82 72
Fax: +49 (0)81 71 / 81 82 73
info@pacojet.com
www.pacojet.com

wgp **produktdesign**

Wir von WGP-Produktdesign glauben, dass ein Mensch in jeder Etappe seines Lebens seine Würde behalten kann.
Wir vertreiben ausschließlich Produkte, die Selbständigkeit erhalten und fördern und entwickeln gemeinsam mit unseren Kunden Produkte die ästhetisch schön sind, mit hoher Funktionalität.

Auch Menschen mit Schluckstörungen haben ein Recht auf gepflegte Ess- und Trinkkultur.
Wir beraten Sie bei der Auswahl der richtigen Produkte zur Herstellung und zum Verzehr von Smoothfood.

Sie finden diese Artikel in unserem Shop www.wgp-shop.de, oder fordern Sie unseren Produktkatalog an.

Die geeigneten Ess- und Trinkhilfen für Smoothfood-Gerichte

Menschen mit Kau- und Schluckstörungen benötigen zum Verzehr von Mahlzeiten und Getränken besondere Hilfsmittel, die eine Nahrungsaufnahme erleichtern.
Diese sollten ästhetisch schön sein und sich nicht vom normalen Geschirr unterscheiden, denn handelsübliche Hilfsmittel sind oft als solche zu erkennen und grenzen den Betroffenen aus.

Plastikteller und bunte Plastikbecher gehören nicht auf den Tisch eines erwachsenen Menschen. Die Speisen sollten schön auf einem Porzellanteller angerichtet werden.
Ein schön gedeckter Tisch bedeutet Wertschätzung und macht Appetit.
Es gibt keinen Grund warum ein kranker Mensch unästhetische, klebrige Geschirrteile präsentiert bekommen sollte.
Denn Plastik dient häufig mehr der Pflege als dem Betroffenen. Insbesondere der Einsatz von Schnabelbechern und Trinkhalmen kann bei Menschen mit Schluckstörungen zu Aspiration führen, denn sie unterstützen nicht das reflexartige Schlucken.

Das ist nur bei Trinkhilfen der Fall, die eine Auflage auf der Unterlippe gewährleisten.
Hinzu kommt, dass viel zu häufig die richtige Sitzposition unterschätzt wird.

Der Betroffene muss in einer aufrechten Sitzposition sitzen, den Kopf leicht nach vorn gebeugt, die Unterarme auf dem Tisch und die Füße fest auf dem Boden. Die Person wird so in die Position gebracht, dass sich das Becken, die Knie und die Füße im 90 ° Winkel befinden.

Teller für Speisen

Passierte, pürierte oder geschäumte Speisen lassen sich nicht problemlos vom Teller aufnehmen. Häufig landen die Speisen auf dem Tisch, es wird gekleckert. Der betroffene Mensch schämt sich und es kann zur Essensverweigerung kommen.

Diese Menschen benötigen eine spezielle Schiebekante um die Kost leicht auf das Besteck zu befördern.

Die Teller der Geschirrserie „Unisono" haben eine nicht sichtbare integrierte Schiebekante.
Insbesondere ein Teller mit einem roten Tellerrand lässt sich visuell besonders gut wahrnehmen.

Das gibt dem Nutzer Sicherheit. Die Speisen können nicht vom Teller geschoben werden, sondern fallen wie von selbst auf die Besteckteile zurück. Zusätzlich sind rutschhemmende Gummifüße erhältlich.

Kombiniert mit normalen Tellern der identischen Porzellanserie werden Menschen mit Handycaps nicht ausgegrenzt.

Trinkbecher für Getränke

Menschen mit Schluckstörungen dürfen den Kopf nicht zu weit nach hinten strecken, da dies zur Öffnung der Kehlkopfklappe führt und Speisereste in die Luftröhre gelangen können.
Um dieses zu verhindern, benötigen diese Menschen Trinkbecher mit einem Ausschnitt für die Nase. Diese Becher gibt es aus verschiedenen Materialien.
Besonders Porzellan eignet sich ausgezeichnet, um sensorisch wahrgenommen zu werden. Porzellan ist ein leitendes Material und nimmt somit die Temperatur des Getränkes an, ob kalt oder warm. Kunststoff behält immer Zimmertemperatur bei und kann somit nicht gut erspürt werden.
Nasenauschnittbecher aus Porzellan in verschiedensten Ausführungen sind aus der Geschirrserie „Unisono" erhältlich, sowie spezielle, standsichere Becher mit extra großen Henkeln. Der Nasenbecher „Nasalto" ist aus Polycarbonat, wiegt nur 50 Gramm und eignet sich somit für Menschen mit wenig Kraft.
Der FOTT Becher überstülpt mit dem Deckel die Nase und liegt perfekt auf der Unterlippe auf. Dieser Becher wird therapeutisch eingesetzt.

Besteck

Besteckteile sollte ausgewogen sein, mit dem Gewichtsschwerpunkt im Griff.

Die Vorderteile sollten gut ausgearbeitet sein, nicht scharfkantig, Löffel tief, um ausreichend Speisen aufzunehmen.

Menschen mit eingeschränkter Greiffunktion benötigen dicke, teilweise auch biegsame Griffe.

Es eignen sich die Besteckserien Antaris und Oslo mit gebogenen Griffen oder die Good Grips Bestecke, die biegsam sind und über dicke Griffe verfügen.

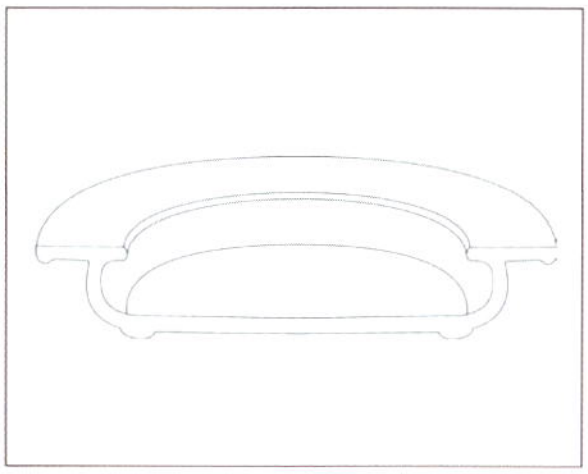

WGP-Produktdesign
Beim Haferhof 5
25479 Ellerau
Tel.: 04106 655 67 89
Fax: 04106 62 63 13
www.wgp-produktdesign.de
www.wgp-shop.de

die**autoren**

Herbert Thill / Küchenmeister und Smoothfood-Experte aus Edertal in Deutschland und Vater von zwei Töchtern, hat nach seiner Ausbildung zum Koch ab 1984 zehn Jahre in Saisonbetrieben gearbeitet. Stationen waren das Derby Hotel in Davos, die Villa Sylvana in Vulpera in der Schweiz, das Fährhaus Gran Canaria in Spanien, das HolidayInn London und die Treff Hotel-Gruppe in Usseln und Hahnenklee. Danach war er als stellvertretender Küchenleiter im Staatlichen Badehotel Bad Wildungen von 1994-1997 in der Gemeinschaftsverpflegung einer Klinikküche mit Diätabteilung tätig. Seit November 1997 ist er der Küchenleiter im Alten Wohn- und Pflegeheim Christkönig. Weiterbildung: Meisterschule in Lindau 1997. Seit 1998 Seminare in der Verpflegung für Senioren bis hin zur Ausbildung zum Heimkoch. Seit 2007 tätig in der Erwachsenenbildung als Referent für Kostformen in Smoothfood-Seminaren und der Heimkochausbildung. **Kontakt:** herbert.thill@kostkonform.de; weitere Informationen: www.smoothfood.de

Sabrina Glasmacher
Grafik- und Kommunikationsdesignerin (RSAK) aus Bremerhaven, Mutter einer Tochter und seit 2008 Produktmanagerin bei der biozoon food innovations GmbH in Bremerhaven. Dort ist sie verantwortlich für die Bereiche Marketing, Design und PR und hat an mehreren Rezeptbüchern der Firma mitgearbeitet, so unter anderem bei dem Buch „Molekulare Partyrezepte" (Neuer Umschau Buchverlag), als Autorin für die Texte aber auch bei der Rezeptgestaltung. Mit Begeisterung für das Kochen und dem Kreieren neuer Rezepte mit innovativen Techniken und Zutaten, u. a. molekulare Texturgeber, begeistert sie als Workshopleiterin die Teilnehmer. Durch die Entwicklung der seneoPro-Produktlinie konnte sie sich mit der Anwendung von Texturgebern im Heim- und Pflegebereich bekannt machen, auch dank der Unterstützung durch Herbert Thill.

Danksagungen
Bedanken möchten wir uns vor allen Dingen bei den Partnern: Herrn Kück und Frau Thalhammer von der Firma biozoon gmbh, Herrn Prof. Dr. Lötzbeyer von der FH Weihenstephan, Herrn und Frau Gross von der Firma WGP-Produktdesign, Herrn Saatz von der iSi Deutschland GmbH und Frau Manz von der PacoJet AG. Ohne ihre Unterstützung wäre dieses Rezeptbuch nicht möglich gewesen. Vielen Dank auch für die Hilfe durch Produkte bei Rezeptentwicklung und Fotoshooting. Bedanken möchten wir uns außerdem bei Frau Renate Jarck für die Durchführung des Lektorates. **Besonderer Dank** gilt auch Frau Katharina Jäger, die, wie schon im Buch „smoothfood – 5 Sterne für die Heimküche" (Lambertus Verlag), wieder hervorragende Fotos der Rezepte und Utensilien produziert hat. Eine besondere Atmosphäre beim Fotoshooting und ihr gutes Auge für die optimale Beleuchtung und den Blickwinkel machen die Fotos zu etwas ganz Besonderem und heben die innovativen Rezepte noch einmal hervor.

bezugs**quellen**

Alle Produkte und Utensilien, die man zu den angegebenen Rezepten in diesem Buch benötigt, können über den smoothfood-Shop online bezogen werden: **www.smoothfood.de/shop**

Weitere Informationen zum Thema smoothfood® sowie Tipps und Rezepte findet man auf der Website **www.smoothfood.de**. Dort können über das Forum auch weitere Fragen gestellt werden bzw. man kann sich untereinander austauschen.

Nähere Informationen zu den verwendeten Produkten und Utensilien können auch direkt auf den jeweiligen Websites unserer Partner eingesehen werden.

food innovations gmbh

biozoon food innovations gmbh
Fischkai 1, D – 27572 Bremerhaven
Tel.: +49 (0)4 71 - 92 92 85 -0
Fax: +49 (0)4 71 – 92 92 85 -19
info@biozoon.de
www.biozoon.de

Multifunktionstools

iSi Deutschland GmbH
Postfach 190360, D-42703 Solingen
Tel.: +49 (0)2 12 – 3 97 -0
Fax: +49 (0)2 12 – 3 97 -233
isideutschland@isi-group.com
www.isideutschland.de

PACOJET AG
Bundesstrasse 7, CH-6300 Zug
Tel.: +41 (0)41 – 7 10 25 22
Fax: +41 (0)41 - 7 10 25 38
info@pacojet.com
www.pacojet.com

das Lebensplus

WGP-Produktdesign
Beim Haferhof 5, D - 25479 Ellerau
Tel.: +49 (0) 41 06 – 6 55 67 89
Fax: +49 (0) 41 06 -62 63 13
vertrieb@wgp-produktdesign.de
www.wgp-produtkdesign.de

sachregister

Impressum

Rezepte:
Herbert Thill, smoothfood GmbH, CH-Rumisberg
www.smoothfood.eu

Texte:
Sabrina Glasmacher, biozoon food innovations gmbh, Bremerhaven
www.biozoon.de

Fotografie:
Katharina Jäger, Fotografische Werkstatt
www.fotografischewerkstatt.de

Umschlaggestaltung und Layout:
Sinn Agentur für Kommunikation, Kassel
www.sinn-kommunikation.de